届いてますか?

子どもたちからのメッセージ

卒業生全員再登校の理由

「会社を辞め、針路を失っていた岸本は、
長い航海に出て、ようやく『寺子屋ありがとう』という、
自分の求めていた土地に辿り着いた。
その軌跡がここにある」

鈴木光司

届いてますか？ 子どもたちからのメッセージ

まえがき

私は新潟市で『寺子屋ありがとう』というフリースクールを主宰しています。『寺子屋ありがとう』は、本来、不登校、問題行動、成績不振などで苦しんでいる子どもたちを対象とした教室でしたが、現在は半数以上の生徒が幼児教室、学習塾、進学塾として通ってくれています。

『寺子屋ありがとう』は、そんな子どもたちと主に学習を通じて関わっています。ここは子どもたちの学び場であり、居場所でありたいと思っています。

教室を立ち上げてから、動けなくなったり、自分を抑えられず暴れてしまったり、学校の授業がまったく理解できなくなったり……。そんな子どもたちと関わってきました。

彼らから教えてもらったこと、そしていつも私が思っていることがあります。

悪い子なんていない。

甘えている弱い子なんていない。

頭の悪い子やる気のない子なんていない。

ということです。

動けない。自分を抑えられない。どうしたらいいのかわからない。それは、気持ちがいっぱいになっているだけ。寂しかったり、苦しかったり、つらかったり。そんな子がいるだけです。

教室の目標は、〝解散〟です。本来、社会からこのような教室が必要とされること自体がおかしいことです。このような教室を誰も必要としない、そんな社会でなければ……。そう思います。

そうはいっても教室設立当初は、いったいどうしたらいいのか、まったく見当もつきませんでした。この社会に不足しているもの。物質的には豊かでありながら、豊かさを感じにくい理由。子どもたちが訴えているもの。大人が抱えている生きづらさ。それはなんなのか。それらの問題はどうしたら解消できるのか。どのようになれば、私どもの教室のような場所を、誰も必要としない社会になれるのか。生徒、親御さんとの出会いを通じて、少しずつ見えてきたものがあります。それをまとめたものが本書です。

一人の大人の怒り、落胆、悲しみは、多くの子どもたちの笑顔を一瞬にして奪い取ってしまいます。子どもたちが安心して穏やかな気持ちで過ごすために、まずは大人である親御さんご自身が自信と笑顔を取り戻すこと。

それがなにより大切です。

子どもたちが人生をかけて必死に届けようとしているメッセージを一人でも多くの方に届けられたら。そんな気持ちで本書を書きました。

本書は、主にお子さんの非行や不登校等の悩みを持つ親御さんを対象としてまとめてあります。非行や不登校、その原因はいずれも大人の抱えている苦しさにつながります。本書を読まれた親御さんが、少しでも気持ちを整理でき、なにか楽になるものを感じていただけたら幸いです。

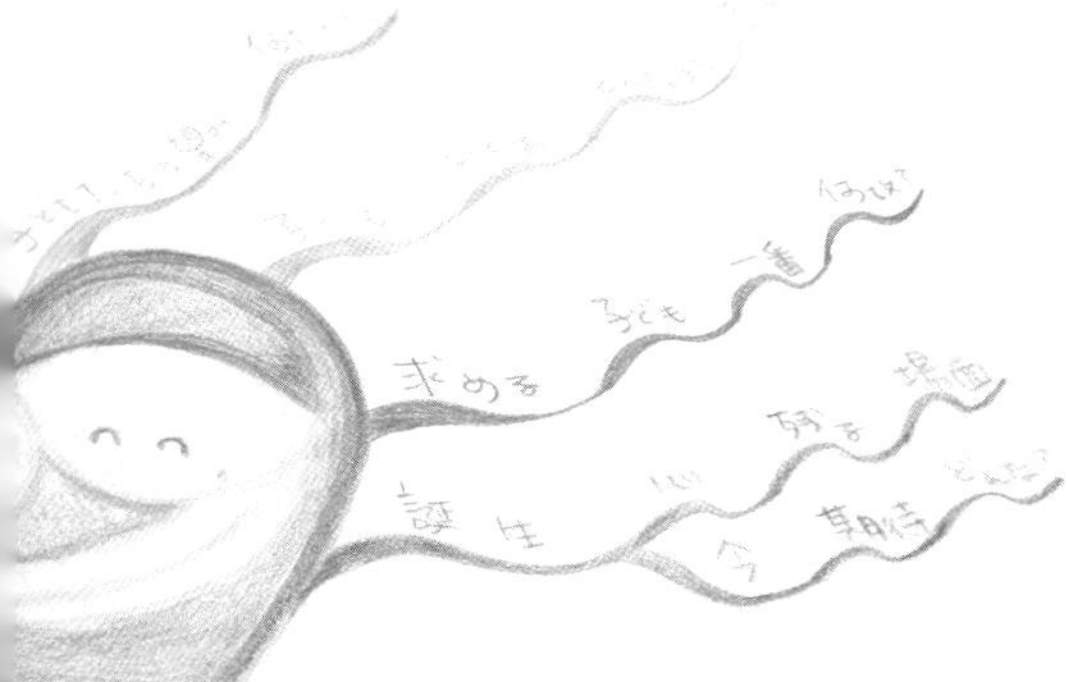

CONTENTS

第一章

前提

1 子どもたちからのメッセージ

優等生であろうとすること。過度に明るく道化師を演じること。ケガや病気。子どもたちのこれらの状態が、なにを意味しているかお気づきですか？　もちろん例外はありますが、これらは不登校、非行、問題行動と同じ、つらい気持ちを誰かに伝えたいときの、あるいは訴えたいときのメッセージであることが少なくありません。

自分が抱えている苦しさや生きづらさに気づかないまま、自分ではなにもできないまま、永遠にこの状態が続くと思ったとき、人は意識せぬままこのような振る舞いをしたり、このような状態になることがあります。

もしかしたら、周りに対するメッセージであると同時に、苦しさに気づいていない自分自身に対するメッセージなのかも知れません。

なぜ私がそう思うかと言いますと、過去に私が身をもってそれを経験してきたからです。『子どもたちからのメッセージ』。本書のタイトルにはそう書いてありますが、恥ずかしい話、私は大人になってからも自分が苦しんでいることに気づけぬまま、そして気づこうとしないまま、周りに対してこのメッセージを発し続けていました。

お子さんの非行や問題行動で悩んでいた親御さんが、冗談交じりにこぼされることがあります。

「うちの子も、優等生とはいわないけれど、せめて道化師でメッセージを発信してくれたらよかったのに」

その親御さんはすでにお気づきのうえで、笑いながらそう話してくださいます。優等生であったり、道化師を振る舞うというかたちの表現方法。それが苦しさを訴えるためのメッセージであることを、ほとんどの大人は気づくことができません。


つらさを気づいてもらえないまま、周りの大人を喜ばせようとがんばり続ける優等生。

また、周囲の雰囲気をやわらげようと人を笑わすことばかりを考え、道化師のように振る舞う子。

やがて、優等生は自分で努力し、自分が得た評価こそが自分の価値だと思ってしまうのかも知れません。他者からの評価を手放せなくなります。得たものを失う恐怖を感じます。

人に気をつかい、誰かを笑わせようとし続ける子は、なにかをおかしく感じて心から笑うことができなくなることがあります。明るい子ということで、傷ついたり苦しんだりなんてしていないと思われがちです。もっと笑わせて、もっとなごませてと、周りの大人は自覚がないまま、ついついその子に依存し続けてしまいます。


「スポーツも勉強もできる優秀な子だったのに」

「いつでも、誰にも、しっかり挨拶するあんないい子が」

「あんなに楽しくて、優しくて、明るい子が」

なにか大きな事件があったとき、その事件を起こした人を評する言葉として、マスコミから伝えられることがあります。その人の普段のありようとその人が抱えていたもの、その人が一所懸命に振る舞っている姿とその人の心の状態は、まったく別ということは少なくありません。ずっとなにかを期待されているような感覚のなかで、一所懸命に応えようとしてきたのではないでしょうか。このような報道を見るたび、聞くたび、私はそう思ってしまいます。


きっとそのつらさを誰にも伝えられず、周りも気づかなかったのでしょう。また、そのつらさに自分自身が気づけないでいることもあります。つらく感じることをよくないこととして、平気なふりをしてつらさを抑え込むことさえあります。

それだけにつらいと感じたときは、自分を徹底的に責めてしまいます。弱くてダメな自分。なんの価値も生きる意味さえない自分。自分に対してそんな前提ができてしまうと、人はそのとおりに振る舞ってしまいます。

周りの人が自分に対して無関心であると感じたり、逆に異常なほどなにかを期待しているように感じてしまう。そして、それにあらがおう、応えようとがんばり続ける。子どもにかぎらず、多くの人が程度の差こそあれ、なんらかのプレッシャー、生きづらさのようなものを感じているのではないでしょうか。

メッセージを発しても受け止めてもらえないとはいえ、すべての人が動けなくなったり、暴走するわけではありません。つらいことがあっても、自分のなかで抑え込む。そんな人がほとんどでしょう。そんな人たちが抱えているつらさは、どこへ行くのでしょうか。

誰かが、どこかで、受け止めてくれる人や場所がある。そんな人は幸せです。そんな場所を居場所というのでしょう。ただ、社会全体が苦しみ、閉塞感であふれている昨今、居場所のある人は少ないのではないでしょうか。いまの日本には、行き場所のないつらさが充満しているように感じます。そのつらい気持は結局、立場の一番弱い人に向かいます。家庭であれ、社会であれ、向かう先は子どもたちでしょう。

いまの子どもたちの問題、いろいろあるでしょう。それらは子どもたちが抵抗できないまま、社会の生きづらさを受け止めた、受け止めさせられた結果です。

子どもたちの問題を解決するには、子どもたちだけを変えようとしても、なんの意味もありません。子どもたちの問題は、大人が抱えている生きづらさが原因だからです。一時的にその子を変えた、その子が変わったとしても、また別の場所でかたちを変えて問題は起こります。

不登校、非行、優等生、道化師、ケガ、病気。これらの多くは子どもたちからのメッセージです。ものを言えぬ立場の弱いものが、強いものに対して心からの想いを発するときの状態です。このほかにも、私が気づいていないかたちがあるのかも知れません。それらに気づくこと、受け止めることなしに、子どもたちのありようだけ変えようとする方法では、なんの解決にもなりません。

2 信じる

人は目の前の人が、自分をどう認識しているか。その人が自分に対してどういう前提で接してくれるのか。周りの人が自分に対して持っている認識のとおりに振る舞うものです。私には、そう確信する機会がありました。

２００５年に『寺子屋ありがとう』を開くまで、私は20年間、現場で働くサラリーマンとして会社勤めをしてきました。教育のための教育を受けたことはありません。そういう方面の仕事に就いたこともありません。

「どうしてそんな人がフリースクールを？」

よくそんな質問を受けます。

学校を卒業し、20歳で生まれ育った新潟に戻り就職しました。就職と同時に健康と体力維持のため、格闘技の道場に通い始めました。いまから20年以上前のことです。

いま、よく耳にする子どもたちの問題といえば、不登校や引きこもりですが、当時は校内暴力、家庭内暴力と呼ばれる社会現象がありました。道場には、その当事者の子が何人か通っていました。

どんな子なのか？ 様子を見ているとみんないい子でした。「いい子」と言いましても、恐そうな指導者や先輩の前で猫をかぶっているわけではありません。一人でいても一所懸命に稽古をしていたり、後輩に親切に接したり。そんな姿をよく見ました。

彼らからは、ひたむきさや優しさを感じました。

ただ、道場を一歩離れると、なにかあるのでしょうか。家庭や学校で暴れたり、警察に捕まるようなことをくり返す。

親御さんだけでは対処できないということで、ご家庭や学校にお邪魔したり、警察に迎えに行ったり……。そんなことが何回かありました。

「おかしい、なにかおかしい、道場ではあんなにいい子なのに」

なぜ場所によって、人がこうも変わるのか。どうしても理解できませんでした。いま思えば、道場の外、社会には、その子たちから、その子らしさを奪うなにかがあったのでしょう。

「道場ではあんなにいい子なんだから、変わるべきはこの子たちではなく、道場の外の状態、社会のありようではなかろうか？」

いつからか、漠然とそんな想いを持つようになりました。

人は、よくも悪くも、ある前提を持ってしまうと、そのとおりに物事の意味を受け止めてしまいがちになります。先入観、偏見と呼ばれるものです。また、それと同じように、目の前の人が自分に対してどのような前提を持っているかを感じ、人はその持たれた前提どおりに振る舞ってしまう面もあるようです。

私は普段の彼らから、穏やかなもの、優しさを感じていました。私が持つ彼らに対する前提どおりの優しさとひたむきさ、それらが特によく見えていたということもあったでしょう。ただ、私やほかの道場関係者だけにそう見えていたのではありません。彼らも、私たちから認識されたとおりに振る舞ってくれていたようです。

「道場から戻った日、稽古のあった日は、穏やかな表情をしている」

多くの親御さんが、そんなふうに話されていました。


道場で稽古のあった日は、子どもが落ち着く。道場で私たち先輩や指導者だけがそう見えたのではなく、実際にそうであったから、親御さんもその変化に気づかれたのでしょう。

「今日はきっと穏やかに過ごしてくれる」

稽古のあった日、親御さんはそんな前提を持ち、子どもと向き合うことになります。結果としてその日は、子どもとしても、親御さんの持つ前提どおり穏やかに過ごしやすくなったのでしょう。

穏やかでいることに、子どもは心地よさを感じるようになります。はじめはその状態が長く続かなかったとしても、穏やかで居続けようとします。少しずつなにかが変わってきます。


人は自分自身に対して周りの人がどのような前提で接してくれるかを感じ、そのとおりに振る舞ってしまいがちです。そうであるなら、子どもの様子がおかしいときは、周りの大人がその子に対して、そんな振る舞いをさせてしまう前提をもって接しているから。そんなことはないでしょうか。

「変わるべきは、この子たちではなく社会のありよう」

そんな想いが、確信に変わる出来事がありました。ある高校生の初めての試合の日のことです。試合を終え、応援する仲間のもとに戻るとき、その子は泣いていました。初めての試合で緊張や恐怖心から開放されポロッと涙がこぼれる。決して珍しいことではありません。そんな光景は何回も見てきました。でもそのときのその子の泣き方は、涙がポロッというようなものではなくまさに号泣でした。

後日、その理由を話してくれました。

「あんなふうに泣いてしまったのは、涙が止まらなかったのは、生まれてはじめて人から応援してもらったから」

ほかの道場生が試合に出たときは、当然その子も外から力のかぎり声をからして応援していました。毎日、一緒に稽古している仲間が一人で戦っている。そんな仲間を外から応援するのは当たり前のこと。でも、そんな当たり前のことをしてもらったことがうれしくて、涙を止められなかった。それくらいうれしかった。

そう教えてもらったとき、いままで疑問に思っていたこと。道場とその外で、どうして同じ子がこうも違ってしまうのか？　この子たちが人生を賭けなにを求めていたのか。なにを訴えていたのか。しっかり受け止めることができた気がしました。変わるべきはこの子たちではなく、社会のありよう。漫然と思っていたことの意味が、そういうことだったのかとはっきりわかりました。

これは私がサラリーマン時代、いまから20年以上前の出来事です。本業の片手間ではなく、いつかこの問題に本格的に取り組みたい。そう思い始めた瞬間でもありました。

人は得てして、見た目のできるできないや多数決によって、ことの善悪や優劣を決めてしまいます。学校に行けないこと、自分を抑えられなくなり暴れてしまうこと。一見普通に登校している子どもたちが当たり前にやっていることができていないわけです。それを理解できない大多数の人が、その子に対してレッテルを貼ってしまう。それは、しかたがないことなのかも知れません。

でも、学校に行けないこと、自分を抑えることができないこと、それはその子が弱いとか、ダメな悪い人間だからということではありません。多くの人が、一見、普通に当たり前にやっていることができない。その状態は、なんらかのつらさを感じてしまったからです。そのつらさは、周りに合わせることに長けている人には感じ取ることのできないものです。多くの人が、感じ取ることのできない違和感を持ってしまった。それは、弱いからでも、適応力がないからでもありません。感性が豊かだから。それだけです。

わかっているのに体が動いてくれない。やってはダメだと思いながら、自分を抑えられない。これらは頭で考えたことではなく、心で感じたものに体が勝手に反応している状態です。

私は不登校、非行、問題行動を、なんらかの違和感を持ち得る豊かな感性と、その違和感を表現する勇気や力を持っているからこそその状態と受け止めています。

非行については、迷惑されている方がいらっしゃるかも知れません。やっていることを、到底そのままよしとはできません。

不登校も、このままではその子自身の今後の可能性、選択肢を大きく狭めてしまいます。その子が生涯このままでいいとも思っていません。

社会が作り上げた価値観、周りからの烙印。それをもとに豊かな感性と勇気を持った子どもたちが、自身をダメな人間だと思う。自信を失い自分を責める。心のエネルギーはどんどん奪われます。結果として、その状態からますます抜け出られなくなります。さらに、可能性を奪われることにもなります。

現状を変えることができるのは現状に違和感を持つことができ、それを表現できる人だけです。感性が豊かなゆえに違和感を持ち、苦しみ可能性を摘まれてしまう。それは、社会にとって大きな損失であり、とても残念なことです。

そんな感性が豊かで、表現する勇気を持った子どもたちにエールを送らせてもらいたい。そんな気持ちで立ち上げたのが、『寺子屋ありがとう』です。

3 GOOD & NEW

このGOOD&NEWというワーク、講演やセミナーなどを受けられた際、経験されたことのある方も多いのではないでしょうか。

「GOOD」は「よい」、「NEW」は「新しい」。最近あったよかったことを、お互い発表しあうというのが、このGOOD&NEWです。ミーティングや朝礼で採用されている会社や学校もあるようです。

生き続けようとする本能からでしょうか、人は意識しないと、自然と心配なこと不安なことに意識が向いてしまいます。反面、よかったことについては、すぐに忘れてしまったり、気づくことさえできないこともあります。せいぜい「運がよかった」、「ラッキーだった」で終わらせてしまいがちです。

毎日心配なこと、不安なこと、よくないことだけが起こっていることはないはずです。間違いなくよかったこと、うれしかったこともあるはず。そんなことを思いださせてくれるのが、このワークです。講演などの冒頭でこのワークをやると、受講くださっているみなさまの表情が一瞬で明るくなります。会場で初めてお会いした方同士でも、すぐに打ち解け話を進めやすい雰囲気になるので、私もよく採用しています。

また、さまざまな場面で応用できるワークです。私どもの幼児教室に、楽しそうに通ってくれている子どもたちのお母さん方から寄せられる相談の一つに、幼稚園への行き渋りがあります。小さな子どもたちの中にも葛藤があるようです。そんなときにおすすめなのが、お子さんに毎日、少しかたちを変えたGOOD&NEWを問いかけることです。

朝、幼稚園に行く前に、

「今日、幼稚園でなにが楽しみなの？」

幼稚園から帰ってきた時に、

「今日は幼稚園でなにかうれしかったこと、楽しかったことはあった？」

笑顔でこんな問いかけをすることです。

もちろん大きくなったお子さんには学校で、大人には会社で、楽しみなこと、よかったことを聞いても構いません。なにが楽しみか？ なにが楽しかったのか？ そんな問いかけが、自然とその子の思考と意識を、楽しみなことや楽しかったことに向かわせます。

もしその場で答えが出なかったとしても、意識がそちらに向かっているとき、そのときだけでも、嫌だったこと、つらかったこと、不安なことは頭から消えます。人は、同時に一つのことしか考えられないからです。

このワークには、このように嫌な気持ちをリセットする効果があります。今日一日は、楽しいことうれしいことがある。そして、よい一日であった。一瞬でも、そんなふうに毎日に対する前提を切り替えることができます。

　多くの親御さんから効果があったと報告を受けていますが、中には「なにそれ？」と、まだ幼いお子さんから冷ややかな対応をされたという報告もあります。もうすでにお子さんが、大きくなられている方もいらっしゃるでしょう。お子さんが、親御さんのそんな問いかけに向き合ってくれないかも知れません。そんなときは、まず親御さんご自身でやられてみてはいかがでしょう。

　親御さんお一人で、朝起きたときに、

「今日一日、楽しみなこと」

　夜寝るときに、

「今日一日、うれしかったこと、楽しかったこと」

　それをご自身に問いかけてみてください。思い出してみてください。親御さんご自身のなかでも、変化を感じられるはずです。その変化が、お子さんと向き合ったときに伝わります。

　たとえその日、嫌な出来事がいくつかあったとしても、そんな一日の中にも、よかったこと、うれしかったこともあったはずです。そのことに気づくこと、忘れないことが目的です。決して嫌だったことを無理にポジティブに受け止めるのではありません。

　私自身の経験、子どもたちの変化を見て思うことです。これをくり返すと、はじめは大きな出来事を思い浮かべようとします。でも、そんな楽しくうれしい大きなイベントなど、毎日あるわけではありません。自然とささいなことに意識が向くようになります。やがて、ささいな出来事がとてもうれしく感じられるようになります。さらに、大変だと思っていたことがささいなことに。そして、大変に思えることの中にも、おもしろさや楽しみなことがあることに気づくようになります。

やがて、うれしかったこと、楽しかったことを思い浮かべるとき、自分ではなくほかの誰かのことについて、うれしくよかったと思えるようになります。

朝起きたときと、夜眠るとき。

この二つの時間は、一日の印象を決める上で、とても重要な時間です。

それは、ある期間に対する印象は、その時々一定の強さで記憶されるのではなく、最初と最後の時間が特に強く印象として残ってしまうからです。

審判の印象による判定で勝敗を決める格闘技等では、

「一発目！」

「ラスト30（秒）！」

などのかけ声をかけて応援するのはそのためです。

そのラウンドの中で最も印象に残るタイミングだからです。

今日一日、楽しみなことがある。今日はうれしかったことがあった。一日一日に対するそんな前提が積み重なり、人生に対する前提をつくります。その前提こそが、人にとってなによりも大切ではないでしょうか。

実際、この問いかけで子どもたちの表情が変わった。そんな報告を数多く受けています。お金もかかりません。本当につらいときは、このワークをやろうとしても思い出すことすらできないので、無理をすることもありません。数日間、ぜひ、お試しでやってみてください。おすすめです。

第二章

問題

1 リソース

リソースとは「資源」という意味です。いまは埋もれている未開発のもの。その人が持つ可能性のようなものを感じさせてくれる言葉です。

私にとって『寺子屋ありがとう』を運営するにあたり一番大切なこと。それは、人には必要なもの、力、知恵、問題、それらリソースすべてが、すでにその人の中に備わっている、という前提でいることです。その前提で向き合わせていただくことで、目の前の方をそのとおりに見ることができます。それが、そのまま相手に伝わります。

私の口グセなのかもしれません。はじめての面談で、悩んでいる人、苦しんでいる人に向かってついつい、

「大丈夫ですよ」

そう言ってしまっているようです。

「初めて会ったときに、大丈夫と言われたけど、あのときはとてもそんなこと思えなかった、思えるわけないと思った」

後日、相談してくださった親御さんから、そんなお叱りを受けることがよくあります。

相談を受ける内容、出会うお子さんたち、親御さん。毎回ケースは異なります。初めてお子さんと会ったとき、いきなり敵意をむき出しにされることがあります。完全に拒否、無視されることもあります。会ってすぐに、私がお子さんから受け容れてもらえることなど、ごくまれです。

この子はどうなんだろう？　子どもだけではありません。親御さんがこんな考え方だったら、子どもが立ち上がるのは無理なのではないか？　お会いしてすぐ、そんなふうに思ったことは何回もありました。もしかするとそんなふうに思うこと、これからもあるかも知れません。そんなとき、私の中にある前提は、一瞬揺らぎそうになります。この子が立ち上がることなど、本当にできるのだろうか？　そんな不安に襲われる瞬間です。

でも、次の瞬間そんな不安を振り払い、その状況から私が自分を取り戻せるのは、いままで関わらせてもらってきた子どもたちから教えてもらったことがあるからです。

それは、力、知恵、そして問題。その人にとって必要なもの、それらはすべて、すでにその人の中に備わっているということです。

私の中で、この仕事を進める続ける上で、一番大切な前提です。

必要な力、知恵は、すべてその人の中にある。よく言われていることです。聞かれたことがある方も多いでしょう。では、問題はどうでしょう？　問題は本当にその人にとって必要なことなのでしょうか？

2 問題

その人にとって、問題は資源で必要なものなのでしょうか。必要なものだと私は思います。正確には、その人が問題を問題として認識できているということが大切です。そして、その人が認識できた問題は、すべてその人自身の力で解決できます。言い方を変えれば、自分で解決できるものだけが、問題として認識できます。さらに言わせていただければ、問題と認識できたということは、その現象に向き合っているということです。

それは、その時点ですでに解決への過程に入っているという証です。

問題とはいったいどういうものをいうのでしょうか？　その人が、ある現象を問題と受け止めるためには、条件が二つあります。

一つは、当たり前のことですが、自分に関係があることです。

自分に関係があるとは、直接自分に火の粉が降りかかることではなかったとしても、その事実を知っただけで、見ただけで、聞いただけで、苦しくなったり、悲しくなったり、怒りを覚えたりすることです。なんらかの感情の変化があり、それが続いているなら、それは自分に関係のあることといえます。

もう一つの条件は、自分でなんとかできることです。自分に関係があって、自分でなんとかできること。自身が解決できることだけを、人は問題として認識することができます。

詳しくは後で改めて説明しますが、ここでいう解決とは、状況を変えることや、起こってしまったことをなかったことにすることではありません。

逆に、自分が危険に陥いる可能性のある重大なことであっても、それを自分でなんとかできると思えないとき、そのことについて自分にできることなどなにもないと思うなら、いっとき感情が動くことがあっても、それが続くことはありません。したがって、そのことを問題として認識することもできません。

講演で、参加者のみなさまにお尋ねすることがあります。

「みなさまが、いま抱えている問題はなんですか？」

みなさま、さまざまなかたちで問題を抱えておられるようです。私がいままでに答えていただいた内容を大きく分類すると、金銭、健康、人間関係、ほとんどこの三つに分類されます。金銭的に困ることがなく、健康で、良好な人間関係を築けている。人は幸せであるという状態を、そのように描いているからこその答えなのでしょう。

ごくまれに、環境問題や世界各地で起こっている紛争、最貧国の飢餓、貧困と答えてくださる方がいらっしゃいます。そんなとき、場内で小さな笑いが起こることがあります。決して、その人やその人の答えを笑ったのではありません。本当は大変な問題なのに、問題としてまったく認識していなかった、できていなかった。そんな自分自身に対する笑いです。

環境問題、紛争、飢餓、貧困。問題ではないのでしょうか？ これらの問題が、いま、世間で言われているとおりであるなら、決して笑いごとでは済まされないはずです。

では、なぜ笑いが起こるのでしょうか？ 問題であることはわかっているはずです。それでも問題として受け止められていないのは、なぜでしょう。

どうせ自分にはなにもできない。

自身がその問題に関われない。

自分には関係ない。

その人の中にそんな前提がある場合、目の前にどんなに大きな問題を突きつけられても、それを問題と認識できなくなります。見て見ぬふりをするのではなく、気づくことさえできません。

問題を先送りし続ける現実逃避とはことなり、本人にとってはとてもラクな状態です。

環境問題、紛争、飢餓、貧困などは、自分では何もできない、向き合えないという前提でいるから問題として受け止められない。そんな人が多いのでしょう。

逆に、一人で現状を変えることはできないとしても、生きているうちに自分ができることはなんだろう？ 私の周りには、そんな問いかけをしながら活動されている方が少なくありません。その方々は、環境問題、紛争、飢餓、貧困などは、優先順位の高い大きな問題として認識されています。

悩み苦しむことにも条件があります。人が悩んで心のエネルギーをどんどん失って、自分や他人を責めてさらに苦しみ動けなくなる。この悩んでいるときとは、いったいどのような状態なのでしょうか。人は問題を抱えているからといって、必ずしも悩み苦しんでいるとはかぎりません。悩むためにも二つ条件があります。

一つは、当たり前ですが、問題を抱えていることです。くり返しになりますが、問題とは自分に関係があり、自分でなんとかできると思えること、向き合えるものです。

もう一つは、問題を抱えたままなにもせずにいることです。

自分の力で解決できるかどうかわからない問題を抱えていたとしても、自分でなんとかしようと、向き合い考えはじめた瞬間から、心配や不安な気持ちは残っていても、その人はその問題について悩み苦しむことはありません。

また、「時間が解決してくれる」という言葉があります。

確かに時が経つことで、受けた傷はやわらぎます。そして、それを乗り越えやすくなります。ただ、問題や課題は時間だけで解決することはありません。

いま、抱えている問題があって、それを解決する期限があるとします。期限が迫り、あせるばかり。そんなときに、問題に向き合えないまま見て見ぬふりをする。そんな状態でなんの対処もできない、していない。結果として、誰かに押しつける、誰かに尻拭いをしてもらう。

このように、なにもしないまま、その問題に向き合うこともしないまま、その期限が来たとしたら、その人はその結果と現実を受け容れることができるでしょうか。あきらめるか、開き直ることしかできません。そしてそれを解決として済ましているケースが少なくありません。

時間が来て結果が出た。そのことについてあきらめたり、開き直った瞬間、別のかたちで同じレベルの問題が起きます。これは、新たに問題が起こるだけではありません。いままで悩んでいた問題にとらわれ、気付くことができなかった、すでに起こっていた別の問題に意識が向き、気づくからです。

そして、その新たな問題についても、なにもしないうちは、また悩み苦しみはじめます。自分からその問題に向き合い、なんらかの対応をしないかぎり、この悩み苦しむ状態は続きます。

時間が解決してくれる。この言葉には、条件が付きます。

あくまでそのときまで、自身が問題に向き合えたなら。もしくは、その問題よりさらに大きな別の悩みに対して向き合い、自身で受け容れることができ、その人の器が大きくならなければなりません。

見て見ぬふりを続けているだけなら、時間が経つことだけで、根本的になにかが解決することは決してありません。

悩み苦しむこと。それ自体が悪いことでは決してありません。人が悩み苦しむのは、なんらかの問題があってこその状態です。その時点で、問題を問題としてしっかり認識できているわけです。

問題を抱えてしまった。でも、なにをどうしたらいいかわからない。つい、目をそらしたくなる。

そんなとき、問題にしっかり向き合うよう背中を押してくれる。それが、悩み苦しんでいるときの、つらい気持ちです。

苦しみや問題に向き合い克服できたとき、受け容れることができたとき、その人に変容が訪れます。乗り越えた苦しみが大きければ大きいほど、変容は大きくなります。もうそのレベルの問題を別のかたちで突きつけられても、同じように苦しむことはないでしょう。

また、同じように苦しんでいる人を見たときには、その人を温かく見守ることができるようになっています。悩み苦しむこともそこに至るために必要な過程です。

いま、なにか問題を抱えている。そう認識されているのなら、その問題はきっとご自身がご自身の力で解決できることです。くり返しになりますが、人は自分で解決できないものを問題と受け止められないからです。

そして、その問題に関し、悩み、苦しまれているのなら、それはその問題に対して、いまはまだなにもしていないからではないでしょうか？

もし、そうであったとしても、なにもできていない自分を責める必要はありません。自分を責めた瞬間、さらに動けなくなります。

そんなときに大切なことは、自分を責めることではありません。まずは、いま、自身が問題を認識していて、今はまだなにもしていない状態であることに気づき、認めることです。そこに良い悪いなど、なにか意味づけをする必要はありません。

3 解決

では、私がここで言う解決とは、どのようなことをいうのでしょう。

やってしまった取り返しのつかないこと

治らない病気やケガ

なかったことにはできない起きてしまったつらいこと

もう一度お会いして関係を修復したいと思っても二度と会うことができない人

確かにその出来事が起こる前の状態に戻すことや、困った状況を変えることができない問題もあるでしょう。

私がここでいう解決とは、状況を変えることでも、起こったことをなかったことにすることでもありません。

人は一つの問題にとらわれているとき、ほかのことが見えなくなります。いま、目の前にある問題のほかにも、問題として受け止めることができること、現象は無数にあるはずです。

誰かに状況を変えてもらった。自分の犯したミスをなかったことにしてもらえた。その結果、目の前の問題がなくなった。そんなとき、いままでの問題にとらわれ意識することができなかった、同じレベルの別の問題がかたちを変えて、もしくはそっくりそのまま見えてきます。

ですから、問題に対して向き合い、自分のなかでなんらかの変化が起こらなければ、同じようなレベルのことで悩み続けることになります。

子どもがなんらかのトラブルに巻き込まれた。その当事者になった。そんなとき、周りの大人はついつい手を出し、子どもを助けようとします。教えよう、直そう、治そう、変えようとします。そして状況を変えることができたとき、得てしてそれで一件落着と思い込んでしまいがちです。

ひどいイジメなど、大人が積極的に関わり状況を変える必要があるケースも確かにあります。ただ、環境だけ変えて子ども自身の中でなんの変化もなかった場合、かたちを変えて新たな問題が降りかかったり、いままで気づかずにいた別の問題に気づき苦しみはじめます。

目の前の困った出来事は、子どもが苦しむ原因ではなく、きっかけに過ぎなかった。本当の原因は別のところにあった。そういうことが少なくないからです。

その根本原因に柔軟に対応できる能力、しなやかな力強さを身につけること。それなしに、人が本当の意味で立ち上がること、問題を解決することにはなりません。

問題を解決した。問題はなにもない。この状態はもしかしたら大切なことから目をそむけているだけ、向き合えていないだけかもしれません。私どもの教室がいう解決とは、「問題はもうなにも起こらないように環境を整えたから大丈夫」という状態ではありません。「あなたなら、これからどんなことがあっても大丈夫」そんな強さを感じさせてくれるようになることです。

なにか違和感を持ってしまったとき、見て見ぬふりをするでもなく、人に押しつけるでもなく。苦しさを感じてしまう自分自身を弱いダメな人間だと責めるでもなく。

世の中にあるさまざまな価値観と自身の考えを受け容れ、柔軟に対応する能力を身につけること。それが解決した状態です。

4 受け容れること、裁くこと

困っている人に対し、無責任な言葉を吐く人がいるようです。親御さんからお子さんのことで相談を受けると、

「私の育て方が悪かったのでしょうか？」

そんな言葉を口にされる方がいらっしゃいます。

「厳しすぎたから」

「甘やかしすぎたから」

人からそう言われるのだそうです。日によって、言ってくる人によって、両方言われることもあるそうです。人からそんな前提で見られ続けると、やがて自分でもそんなふうに思ってしまいます。

長い間、自分を責め続けていた。そんな方が少なくありません。

正確には、自分を責めていたのではなく、自分を責めさせられていたのです。

お子さんが不登校や非行や問題行動などを繰り返すような状態になったとしても、すぐに誰かに相談できるケースばかりではないようです。学校の先生、スクールカウンセラー、公共私営の相談施設、病院な

どの医療機関。そういう場で助言を受け、なんらかの変化があればいいわけですが、そうでない場合、どこに行ってもいわれることは、同じようなこと。ときには心ないことを言われ傷ついてしまったり。子どもにはなんの改善も変化もない。むしろ状況は悪くなっているように感じてしまう。

親御さんが相談するにも、設立当初のうちのような小さな民間の機関は、最後の最後にやっとの思いで、あまり期待もされずにというケースがほとんどでした。

「どうせ、いままでと同じだろう」

「これ以上傷つきたくない」

あきらめと警戒心、いろんな思いがあいまって、なかなか連絡ができなかったという方も少なくありません。確かに、ほとんどの親御さんは憔悴された様子ではじめての面談に来られます。

お子さんは自分のことで親御さんがそんなふうに苦しんでいることを、なによりつらく思うのではないでしょうか。少なくともお子さんは、苦しさをかたちとして表し、訴えています。

苦しさを訴える。

それは受け止めてほしいという訴えであると同時に、

「きっとこの気持ちをお父さんお母さんなら受け止めてくれる」

親御さんのことを、そう信じているからこそです。

人は、受け止めてもらえると思えない人になにかを訴えることはありません。詳しくは後述しますが、私に受け止めてもらえるという確信を持てなかった私の娘は、とても登校できる状態ではなかったにもかかわらず、不登校という選択はできませんでした。

たとえ、いままでがどうであったとしても、ご自身を責める必要はありません。

お子さんがなにかを訴えているのであれば、それは今の親御さんには受け止めてもらえると、信頼してのことだからです。

動けなくなったお子さんが立ち上がるには、親御さんの当事者意識は必要です。ただ、私がここでいう当事者意識とは、決してご自身を責めることではありません。大切なことは、お子さんの苦しさを受け止めようとすること、わかろうとすることです。

自分を責めることと、私が言う当事者意識を持つことはまったく別のものです。

無責任な批評や意見に傷つく必要はありません。親御さんが傷つくこと、ご自身を責めることは、お子さんにとってなにより苦しいことです。お子さんが立ち上がろうとすることを、妨げることにしかなりません。

人は厳しく叱ることができる人から優しくしてもらって、はじめてうれしく感じます。そして安心できるものです。責めることができる人から受け容れられて、はじめて心安らぐものです。

また、普段穏やかで優しい人から厳しく指摘されたら、真剣に向き合ってもらえたと感じます。いつも自分を受け容れてくれる人から指摘されたことは、受け止めることができます。


いままでが甘すぎたと思われるなら、そのままで。

いままでが厳しすぎたと思われるなら、そのままで。

いままでのことはいままでのこととして、そのまま受け止められてはいかがでしょうか。そこによい、悪いの意味づけは必要ありません。

足りなかったと思うのならそのことを。

行き過ぎたと思うのならそのことを。

ただ認めるだけで大丈夫です。なにも補おうとする必要はありませんし、自分を抑えようとすることもありません。

自分で気づけたことであるなら、変わるべきことは自然と変わることができるからです。


お子さんが、いままで甘やかされてきただけであるなら、もしかしたらお子さんは厳しさを求めているのかも知れません。いままで厳しく接してきただけであるなら、もしかしたら受け容れてもらいたいのかも知れません。

なにかを教えること、しつけることも必要でしたでしょう。疲れ傷ついているときは、そっと包み込んであげるような対応が必要だったのかも知れません。そう気づかれたのなら、認められたのなら、これからは少しずつ、お子さんにそんな接し方ができるように変わっていけます。いままでのことすべては、これからのためにあったことです。

自分がまだまだだと思う点があったとしても、それに対して認めて向き合うことができたのなら、それを日々の生活のなかで、生涯をかけ育もうとする。そんな生き方は、意識しなくても自然とできるものです。いままで厳しかった。いままで甘やかしすぎた。いずれも失敗ではないはずです。

子どもたちからのメッセージ。お子さんのいまの状態は、親御さんに受け止めてもらえると確信してこそのありようだからです。

子育てに失敗はありませんから。

第三章
受容

1 受け容れる

あきれられるのではないか。怒られるのではないか。そんな不安を抑えて、勇気を出して話してみた。意外なことに、一切意見されることなく「うんうん」と話を聴いてもらえた。このとき、話を聴いてくれた人に寄り添ってもらえたような安心感が芽生え、それが勇気となります。いままで自分で自分のことを責めてしまい、向き合うことができなかったつらいことに対して、しっかり向き合うことができるようになります。

感情は、味わったぶんだけ薄らぎます。つらい気持ちも悔しさも、味わうことで少しずつ、ときには一気に消えていきます。

気持ちを言葉にして相手に伝えることができた。気持ちを言葉に変換するとき、口を動かし自身の気持ちを言葉として発するとき、相手がその言葉を受け取ってくれたとき、話せた人は自然と安心感を持ち、感情を味わい直していきます。

感情に向き合い、味わい直せたのは、言葉にして相手に伝えられたのは、相手の自分を裁こうとしない態度に安心し、落ちつくことができたからです。責められない、変えようとされないことで、言い訳することも、自分を責めることも必要なくなり、自身の内面に向き合えるからです。

裁かれることなく話を聴いてもらうことで自分と対話ができるということは、苦しんでいた人がそのつらい気持ちを浄化し、変容する過程の一つです。

フランスの心理学者エミール・クーエ博士は、「イメージには意思よりはるかに大きな力がある」と発表しています。その説によれば、人が自分の意思でどんなに努力しても、自身のイメージしたものと違うものに変わることはできないことになります。

人が永続的に変容するには、その人の中にいままでのものとは違う、自分自身に対するなにかを描き続けなければなりません。

人は目の前の人が自分に対して持った前提どおりに振る舞う。

先にそう書きました。それは、目の前の人が持っている、自身に対する前提。これこそがなによりも強く、自分自身に対するイメージを描かせるからです。自身は自分が描くとおりの自分自身であり続けますし、それを見た周りの人もそういう人なのだろうという前提を持ち、接してきます。

よくも悪くも、自分も周りの人も、自身に対するイメージとして、同じものを描いているわけです。

このままでは、その人は変われません。永続的な変容とは、本人が自身に対する前提を変えること。自分はこういう人間だと、いままでとは違うものを、新たに描きなおすことです。

意思を持って自分はこういう人間だと思い直そうとしても、習慣化した考え方はなかなか変えることができません。

そもそも、前提を変えようという意識を持つきっかけに出会えないものです。

そうであっても周りの人が、

「違う、あなたはそんな人間じゃない、私にとって大切な人なんだよ」

そんな前提で接し続けてくれたら……。

そのように接してもらった人は、はじめは戸惑うでしょう。受け容れられないかも知れません。自分に対する新たな前提を持った人を拒もうとすることさえあります。それでも、その人が新しい前提を受け容れるためには、新しい前提を提示した人がその人が持っている力を信じ続けることが必要です。

もし目の前の人の力を信じられなくなる時があるのなら、それはその人そのものではなく、その人がおかれている状況、持っているもの、やっていることに目がいっているから。

その人そのものを見るとは、どうしてその人は今そのような状態になったのか、ならなければならなかったのか。その理由をわかろうとし続けることです。

わかろうとし続けることで、やがて、その人の本質が見えてきます。心から相手を信じることができるようになります。

それが目の前の人に伝わっていきます。

2 自己受容

無条件で受け容れる。ありのままを受け容れる。よいことも悪いことも受け容れる。否定も肯定もせずに受け容れる……。

「自分を受け容れる」

普段あまり使うことのない言葉です。理解しきれないものを感じるかも知れません。具体的にどのようにすることが、自身を受け容れることなのでしょうか。受容とは、いったいどういうものなのでしょう。多くの辞書や書籍や人が、さまざまな定義づけをしています。その中で、いまもっとも私がしっくりきている表現は、

「自身が置かれた状況の中で、最高の人生を生きると覚悟すること」

というものです。

これは、学生時代の英語の先生から教えていただいた言葉です。宣教師をやられている方でした。ある日、疑問に思っていたことを唐突に尋ねたことがありました。

「この世にはどう見ても不幸な人もいるけれど、それはなぜか？ 神様がいるならなぜそのようなことになるのか？ なぜ助けてあげないのか？ なぜ人を苦しめなければならないのか？」

先生を困らせるに完璧な質問だと思いました。その先生はこんな質問を何回も受けていたのでしょう。微笑みながら、

「すべての人が、与えられた人生を最高に精いっぱい生きるために生まれてきた。そこを問われているだけ」

そう答えられました。

話を聞いたとき、この言葉の意味がまったく理解できませんでした。それどころか、恥ずかしい話、詭弁のようにしか受けとめることができませんでした。でも、なぜかいままでずっと心に残り、忘れられませんでした。

私自身窮地に立たされた際、何回となく立ち上がるきっかけとなり、勇気をもらった言葉でもあります。

教室を立ち上げてから、毎日のように生徒や親御さんから相談を受けてきました。なにかに気づき、立ち上がる瞬間に立ち合わせていただきました。いずれのときも、そのときの様子を言葉にすれば、

「与えられた人生を最高に生きる」

そう覚悟された瞬間でした。

二度とくり返させてはならない過ち。力ずくでもとめなければならない言動。もちろん、置かれた状況

を、その人を力ずくでも変えなければならない場合もあります。

ただ、状況だけ変えても、その人のなかでいまの状態を受け容れることがなければ……。

そのままの状態であっても、最高の人生を生きるという覚悟を持てなければ……。

その人の器が大きくならなければ……。

またかたちを変えて同じレベルの問題に苦しみ、過ちをくり返すことになります。

「自身が置かれた状況の中で最高の人生を生きると覚悟すること」

この言葉の意味は、物事の受け止め方を変えること、その人の器を大きくすることと同義だと、私は受け止めています。

3 他者受容

自分を受け容れるということが、「自身が置かれた状況の中で、最高の人生を生きると覚悟すること」であるなら、誰かを受け容れるとはどういうことなのでしょう。

「お子さんのあるがままを受け容れてください」

親御さんは相談した先で、そんなふうに助言されるそうです。

「不登校や問題行動を繰り返す子をそのまま受け容れたら、いつまでもそのままじゃないですか？」

そんな質問をよく受けます。誰かを受け容れることを甘やかすこと、放任することと混同されているからこその疑問です。

また、世間ではあきらめること、開きなおることと勘違いされているケースもよく見ます。

では具体的に、自分以外の誰かを受け容れるとは、どう接することなのでしょうか。

私のなかで誰かをあるがままに受け容れるとは、その人がやってしまったことと、どうしてそんなことをしなければならなかったのか、その二つをしっかり分けて、その両方に向き合うことです。

たとえば、やってはいけないとされることを、やってしまった子がいるとします。そのとき、その子への対応方法はどうあるべきでしょうか？

一つは、やったことを徹底的に責めるというもの。

厳しい叱責、注意、罰、脅かしです。

もう一つは、そんなことは大したことではないと、なかったことにするという対応。

そのくらい誰でもするよ。おれもやるよ。今度はバレないようにやれよ。

ものわかりのいいような、優しいような……。

前者と後者では、どちらがよい対応でしょうか？ いずれもこれだけでは、なんの意味もありません。むしろ状況は悪くなるでしょう。

そのなかで、あえてどちらがいいかといえば、前者のほうがまだましです。やったことについて、ダメなものはダメだと伝えること。本人が反省するなり、もうやらないと決意すること。これは絶対になくてはならないものだからです。

では、後者のものわかりのいいような接し方は、どうしてよくないのでしょうか。

子どもたちの言動、ありようの多くは、大人へのメッセージです。

やってはいけないことをやってしまう。

頭で考えてではなく、苦しさを心で感じ、それを自覚することさえできないまま、必死に人生を賭けてなにかを訴えている状態です。

寂しさ、不安、居たたまれなさ。そんなつらい気持ちにさいなまれ、頭ではやってはダメだとわかっていても、心で感じて体が動いてしまう。それが、誰かになにかを訴えるためにやった行為であるとしたら。

一見、ものわかりがいいような優しいそぶりで、何事もなかったようにその子に対して振る舞う。そんな対応をされたら、その子はメッセージが届かなかった、気づいてもらえなかったと心で感じてしまいます。

苦しんでいる子どもが立ち上がり次に進むには、まず第一に、その訴えている子どもに、メッセージは受け取ったと伝わっていなければなりません。そうでなければ、その子はこれからも同じこと、もしくはさらに大きなことをくり返し、そのつらい気持ちを訴え続けてしまいます。

周りの大人は、どう接したらいいのかわからないまま、二度とくり返さないように、力ずくでその子を抑えよう、変えよう、説得しようとしてしまいがちです。これがやってしまったことに向き合うことです。普通は、ここで終わることが多いのではないでしょうか。やってしまったことについて、処罰して反省を促し、二度としないと言葉にさせて決着です。やってしまったものを裁いて終わりです。この段階では、子どもが訴えているものを受け取っただけです。

その次に、メッセージを受け取ったと伝えること、そしてそのメッセージに応えることが必要です。そのための、その子に対するもう一つの向き合い方があります。

それが、その子がそうしなければならなかった背景を理解しようとすることです。

万引き、ケンカ、窃盗、器物損壊、ウソをつくこと……。

やってはいけないということは、当然、その子もわかっています。それらの行為を繰り返しているのであれば、すでに周りから十分責められています。

仮にそのとき、素直な気持ちで謝れなかったとしても、反省もしていますし、自分自身を徹底的に責めています。そのことに自分でも気づけないまま、開きなおったような態度をとっているかも知れません。

やってはいけないことを、やってしまった。もしかしたら、またやってしまうのではないだろうか？そんなふうにさえ思ってしまうこともあります。自分がどうしてそんなことをしてしまうのか、理解できていないからです。

「どうせまたやってしまうだろう」

もし、その子が自分に対してそんな前提を持ったとしたら、その子はそのとおりにくり返してしまうことになるでしょう。

やってはダメだ、ダメだと思いながら、手が勝手に動いてしまった。抑えられなかった。これは一生治らない病気なのでしょうか？自分を抑えられないことが病気だというなら、そうなのかも知れません。

でもその原因は、気持がいっぱいになったから。それだけです。一生、そのままでいなければならないことなど、決してありません。

また、周りの大人が力ずくでそれらを抑え込もうとしても、抑え切れるものではありません。仮に抑えられたとしても、いずれその子は別のかたちで、同じレベルのことをくり返してしまいます。

やったことに焦点を当てる。厳しく叱る。怒る。もし、その子がやってはいけないことをやったと気づいていていないなら、反省できていないなら、確かにこれらは必要なことでしょう。でも、本人がすでに十分に反省し、自分で自分を徹底的に責めているのであれば、これ以上その子のなにを責める必要があるのでしょうか。

私はこれまで、やりたくもないことをしてしまい、周りからとがめられている段階で、反省をしていない、自分を責めていない子に会ったことはありません。

もし、この段階でただその子をやみくもに責めるだけであるなら、その大人はその子が苦しんでいることに気づけていない。もしくは、その子の苦しさに寄り添う覚悟ができていないのではないでしょうか。

その子が、二度とそのようなことをしなくなるために大切なことは、いっぱいになった気持ちを整理して、心にゆとりを持つこと。そして、この人だけは二度と悲しませたくない、裏切りたくない、一度でいいから喜んでもらいたい。そんなふうに思える人がいてくれることこそが必要です。

「またケンカしたんだって？」

「……（沈黙）」

「先に向こうからなにかやってきたんじゃないのか？」

「いや、自分から……」

「でもなにか事情があったんじゃないか？　言いがかりをつけられたとか」

「……（沈黙）。こっちからやった……」

人は責められないとき、決して言い訳はしません。言い訳できないのです。そして、言い訳をしないとき、気持ちは自分の心に向かいはじめます。自分が裁かれているあいだは、言い訳や誰かのせいにしたり、誰かを攻撃することに意識が向かっています。でも、そんな必要がないとわかった瞬間、意識は自然と自身と自身の内面に向かいます。

「つらそうだけど」

「別に……」

「本当はこんなこと、したくはなかったんじゃないか？」

「……（沈黙）」

本当はこんなことしたくない。そんなことに気づけないまま、人生を賭《と》して、自分にマイナスになることをずっとくり返していた。

この時の沈黙は、「本当はやりたくない」そんな気持ちにはじめて向き合っている状態です。

本当は自分はこんなことやりたくなかった。この段階ではじめて気づくこともあります。


「いま、とってもつらそうに見えるんだけど」

「……（沈黙）」

「したくもないことをやってしまう。それだけなにかつらいことがあったんじゃないか？」

「……（沈黙）」

つらそうに見える。そのありようこそが、その子からのメッセージ。「僕は苦しいんだ」という心からのメッセージです。

「とってもつらそうに見える」

それが、そのメッセージを受け取ったというこちらからの返信です。

やりたくもないことをやってしまう。これからもまたやってしまうかもしれない。その子はそんな不安な気持ちにはじめて気づき、向き合うことができるようになります。向き合い味わいなおすことでその不安は少しずつ消えていきます。


どうして自分の気持ちをわかってもらえたんだろう？　そんな不思議そうな顔をします。

「なんでわかるんですか？」

直接そう聞かれたこともあります。

どうしてわかるのか。私自身、過去にまったく同じ経験があるからです。自分を抑えられなくなり、やりたくもないことをやったり、言いたくもないことを言ったり。自分で自分をまったく抑えられなくなった。

そんな時期がありました。

私は、いまの教室を始めるまでの20年は、現場で働くサラリーマンでした。過労とストレスで倒れ、最後は動けなくなり休職復職を繰り返していました。メニエル症という病でした。久しぶりに職場に戻っても、いたたまれないものがありました。本来なら休職で迷惑をかけたことを気兼ねして、おとなしくしているべきだったのでしょう。解雇覚悟で人事異動を拒否したり、開き直って降格を願い出たり。上司を通り越して経営者に対し文句を言ったり。そんな問題行動をくり返す社員でした。

また、中学生だったある時から、私はなぜかまったく勉強が手につかなくなりました。授業中、先生の声が聞こえない。なにを言っているのかまったく理解できない。顔を上げて先生の話を聞こうとすると、頭痛や吐き気がする。我慢できずに机に突っ伏してしまう。

決して、先生をバカにしてのことではありません。しっかり話を聞かなければ、ますます授業がわからなくなる。そんなあせりがありました。

でも、どうしても授業に集中することができません。高校受験の日が近づいてくる中、とてもつらく感じた日々でした。一所懸命やりたいという気持ちはあるのにも関わらず、それができない。先生も放置しておくわけにはいかなかったでしょう。当然注意を受けます。

「頭が痛い、吐き気がする」

そう訴えればよかったのかも知れません。でも、いま保健室で休めたとしても、これはどうせ明日も続くこと。そんなあきらめのようなものがあったのかもしれません。ふてくされたような態度をとっているように見えたことでしょう。でもそれは、決してそうしたくてしていたのではありませんでした。

そして、私には二十歳を過ぎた二人の子どもがいます。以前の私は、ただ厳しいだけの、子どもの気持ちをまったく理解できない、しようともしない父親でした。

長女は小中学生のころ、クラス内の人間関係に悩んでいました。いまになって話を聞くと、とても学校に行ける状況ではなかったようです。それなのに不登校という選択肢を、私によって奪われていました。父親である私が恐くて、学校に行かないという選択をできずにいたのです。

長男は、不登校になりました。すぐに大声を出して怒る、とても厳しい先生がいたそうです。自分が怒られているのではなくても、誰かが怒られると、その場にいることがつらくなるのだそうです。

もちろん、同じ状況にいてもその場に居続けることができる生徒がほとんどです。息子はほかの生徒とは違うなにかを思い出し、そして感じていたのでしょう。

きっとそのとき、以前の厳しいだけの私と、その厳しい先生が重なっていたのではないかと思っています。

自分の子どもが、そんなふうに苦しんでいるとき、つらいときに、その気持ちをわかろうとできない、寄り添おうともしない。私はそんな父親でした。

「子どもがこんなになったのは、私の育て方が悪かったから」

相談に来られた親御さんの中には、突然そんなふうに言いながら、泣き崩れる方がいらっしゃいます。なにが悪かったのか、はっきりとした理由などなにもわからないまま、周りから言われてきた言葉を真に受け、自分が親であるという理由だけで、ご自身をとことん責めている方が少なくありません。

私には、子どもたちや親御さん方と向き合ったときに、自然と持ってしまう感情があります。ハッとするような。胸の奥が締めつけられ、息苦しさを感じるような。逆に心が温かくなるような。救われるような気持ちになること。一緒に泣いてしまいそうになること。実際に涙がこぼれることもあります。

どうしてこんな感情を持ってしまうのか。教室を立ち上げてからずっと理解できないまま、突き動かされるような衝動に駆られ、そのまま行動してきました。本書を書き進めるなかで、気づいたことがあります。毎日の仕事を通じ、子どもたち、親御さんと関わらせていただく中で、私は自分自身と向き合わせていただいていたようです。

学校に行けない、会社に行けない、やってはいけないことをやってしまう、命令に対して素直に従えない。サラリーマン時代、体を壊してから私がやっていたこと。それはまさに、遅咲きの不登校であり、非行、問題行動でした。

いままで、私が関わらせていただいた、悩みを持つ生徒たち、自分を責める親御さん方。その苦しんでいる姿は、まるで以前の私の姿そのものです。

では、そのようなとき、どう接してもらえたら、その人は立ち上がることができるのでしょうか。

私にはよくわかります。私自身が、自分を抑えられないでいたとき。私を見守るように接してくださった方がいたからです。

「ダメなことはダメだ、そんなことはするな」

そう怒られながらも、なぜそんなことをするのか、わかろうとしてもらった経験があるからです。

そんな接し方をしてくださったのは、学生時代の恩師、格闘技のジムや道場でお世話になった監督と館長、そして、サラリーマン時代の上司でした。

私は教育に関する教育を受けたことも、仕事に就いたこともありません。そんな私がどのように仕事をしているかといえば、私が苦しんでいる中で救われた気持ちになったとき、どんな接し方をしていただいていたか。そのことを思い出し、ただそのまねをしているだけです。

改めて、いままで本当に多くの方々に支えられて、ここまで来ることができたのだと思います。そんな経験があるから、やりたくもないことをくり返し、自分を責めている子どもたちの気持ち。そして、どのように接したら、その子が落ち着けるのか、なんとなくわかる気がします。

わかる気がする。

本当にそれがそのまま、子どもたちの気持ちなのかどうかは定かではありません。ただ、子どもたちが人生をかけてなにかを訴えているということは、間違いなく伝わってきています。

気持ちに余裕があり、自分にも自信があるとき、多少つらいこと、悔しいことがあってもその気持ちに向き合い、味わうことができます。くり返しになりますが、味わい直すことで感情は薄くなります。苦しい気持ちに向き合い味わい直す。それができたら、どんなにつらいできごとであったとしても、時間とともに多くの出来事が笑い話になります。

しかし、それができないまま、つらい気持ちを自分の心の奥底にしまい込んでしまった場合、いつまでもその苦しい気持ちは残ります。いま苦しんでいる子どもたちは、きっとそんな状態でいままでずっとがんばってきたのでしょう。がんばることにつらさを感じてしまう自分を責め、否定して、さらに苦しんできたのだと思います。

誤解されることはないと思いますが、あくまでここで書いているのは、その子が自分がやったことについて周りから責められ、自分で自分を責めている。そして、気づいて立ち上がるまで、周りの大人が温かく見守り続けることができる。その環境が整っている場合の話です。

本人の意志とは別に、周りからやらせられている、やらなければならない状況に追い込まれているケースがあります。

自分は安全な場所にいて、人にやりたくもないことをやらせるように仕向ける。子どもにかぎらず、一般的な大人の世界でも、そんなことに長けている人がいます。そのような場合は、強制的に環境ややらせられている人の言動を変えることが必要なことも当然あります。

『寺子屋ありがとう』の生徒でいえば、彼らを利用しようとする輩から引き離すために、家から引きずり出し知人の道場に預かってもらったり、教室で一緒に生活をしたり、そんなかたちで、環境を変え、抑えつけることもあります。

自分を抑えられなくなってくり返しやってしまうケースと、誰かからやらされている場合。当然必要な対応はまったく別のものとなります。

やりたくもないことをやってしまったとき、

「いいんじゃない？　若いんだからケンカくらいするよ、俺もやるよ」

ものわかりのいいように装ったら、その子は裁かれないことで、もしかしたらその時は安心するかも知れません。でも、その子が発した心からのメッセージが届かなかったということも、同時に感じるはずです。

一切、裁くことをせず、やってしまったことをなかったこととした場合、その子はさらにやりたくもないことをやることで、メッセージを発し続けなければなりません。メッセージを発する手段は、エスカレートしながらくり返されます。

いままで私が関わってきた非行や問題行動の原因はすべて、「そうしなければならなかった背景」を周りの大人たちがわかろうとせず、抑えつけるだけだったこと。

それともう一つ。子どもがやってしまったことについて、大人がしっかり向き合わず、見て見ぬふりをしてきたこと。

この二つです。いずれも大人の側に足りないものを感じます。

子どもたちがメッセージを発する方法は、非行だけではありません。不登校、道化師を演じること、病気、ケガや事故、優等生であり続けようとすること。例外もあるでしょうが、これら子どもたちの言動の多くは、大人に対して心から発しているメッセージです。心で感じたまま自分を抑えられなくなり、体が反応してしまっている状態です。なにを伝えようとしているのか、子どもたちも頭でははっきりとわかっていないはずです。わかっていれば、子どもたちも自分の気持ちに向き合う機会を得ることができ、少しずつでもつらさが解消されていたのかも知れません。

前提
問題
受容
共感
許し
望み
寺子屋ありがとう
目標と目的

振り向いてほしい。気づいてほしい。思い出してほしい。子どもたちの言動は、親御さんになにかを訴えているメッセージです。

子どもが立ち上がるのに必要なこと。それは、やったことを裁くだけでなく、やらなければならなかった背景、そうしなければならないくらい苦しい、自分を抑えられなくなるくらいつらい、そんな子どもたちの気持ちをわかろうとすること。寄り添う覚悟を持つことです。


気持ちがいっぱいで、つらい気持ちに一人では向き合えないとき、誰かがそのつらい気持ちに寄り添ってくれる。それなしにその人が笑顔を取り戻すことはできません。つらい気持ちに寄り添うとは、その子がなにを苦しんでいるのか、わかろうとすることです。

そのために必要なことは、先入観や善悪観念を持たずにその子に向き合うことです。その子を変えようとするのではなく、やってはいけないことをやらなければならなかった気持ちに向き合うこと。そうしなければならなかった背景を理解しようとすること。

そんな接し方をすることで、苦しんでいるその子だけでなく、その子に向き合う大人も同じくらい救われる気持ちになるものです。


気持ちをわかろうとする。気持ちに寄り添おうとする。そう覚悟されたなら、親御さんはもう苦しさを感じることはないはずです。それは、人は誰かを変えようとするときに、苦しさを感じるからです。変えようとしないとは、わかろうとすることです。相手をわかろうとしているとき、人は苦しく感じることはありません。

もし誰かと向き合っているとき、なんらかの苦しさを感じるのであれば、その人を変えようとしているか、変わってほしいと思っているのではないでしょうか。裁いたり、変えようとするより、わかろうとする。これが誰かを受け容れることです。それこそが、自分を信じられなくなっている人が穏やかな気持ちを取り戻すきっかけとなる、私が知る唯一の関わり方です。

不登校、非行などというかたちで、わが子が人生をかけてなにかを訴えてきた。その想いに気づき、わが子の心に気持ちを向けた瞬間、なにがつらいのか、なにを訴えているのか、わかろうとした瞬間、親御さんとお子さんの心のエネルギーの流れは変わります。

エネルギーは心に注がれはじめます。そして、たまったエネルギーがある水準を超えたとき、間違いなくその子は立ち上がります。

甘やかすとは、子どもたちがなんらかのかたちでメッセージを発してきたときに、それをなかったことにしてしまうこと。そんな状態に向き合おうとせず、そのまま放置してしまうことです。

逆に、子どもたちが必死の思いで届けようとしているメッセージに対し、ただその言動だけを封じ込めよう、裁こうとする態度。これは大人が子どもたちの訴えに向き合えないから。大人が子どもたちに甘えている状態に過ぎません。

誰かを受け容れるとは、相手がやったことと、それをしなければならなかった理由を分けて考えること。それぞれにしっかり向き合うことです。

ほかの人に対してそんなふうに接することができたとき、人は自分に対しても同じように向き合うことができるようになります。自分の苦手なこと、不十分だと思うこと、ついつい見て見ぬふりをしてしまうものです。特に指摘してくれる人がいない立場に置かれたとき、人は自分に向き合うことを、つい後回しにしてしまいがちです。

また、得意なことであっても、行きづまることがあります。もう一つ、この壁を乗り越えれば、さらに素晴らしいものが待っている。そう知っていながら、このままでいいじゃないかという気持ち。

自分の中に、そんな面があるということを認める勇気を持つこと。現状は現状として、そこから最高に生きると覚悟すること。これが私が思う、自己受容できた状態です。自分を受け容れた状態です。

この自己受容できた分だけ、自分以外の誰かのことを受け容れることができるようになります。

そんな人はほかの人に対して、自分と同じように不足な点や、その場から立ち上がれない姿を見たとき、あせることなく、その人の力を信じ見守ることができるものです。

また、納得できないことに対しては、意見として伝えることができます。冷静に対応できます。それが他者を受け容れるということです。

4 無条件

不登校、非行、問題行動は、エネルギーが枯渇して動けなくなったり、自分を抑えられなくなった状態です。イジメ、友だちや先生のなにげない言動に傷ついた。これら学校でのトラブルのほとんどが、原因、理由ではなくきっかけです。

ある日突然動けなくなった。自分を抑えることができなくなった。登校の時間になると、頭が痛くなったりお腹が痛くなる。このままでは大変なことになるとあせりながらも動けない。

気がつくとやってはいけないことをやっていた。ダメだダメだと思いながらも、自分を抑えられず暴れてしまう。

学校に行かないのではなく、行けない。暴れるではなく、自分を抑えられない。きっかけはいろいろあるかもしれませんが、あえて原因を言えば、気持ちがいっぱいになり、心が疲れ果ててしまった。それで動けなくなり、自分を抑えられなくなっているだけです。

ですから、解決するために必要なことは一つです。いっぱいになった気持ちを整理しながら、心が元気になるまで安心して休むことです。

ここでいう休むとは、学校を休むことではありません。自分には合わない、こうでなければという考え方を、一つずつ手放すこと。こうでなければと、自分をせき立てることをやめること。思うとおりになれない自分を責めないこと。それが、安心して休むことです。それが、結果として心のエネルギーを蓄えることになります。

みなさまには、非行の経験がありますか？ 犯罪やよくないとされることをしたことがありますか？ 子どもたちの 問題行動は、やりたくて、やってやろうと思ってやっているのではありません。やってはいけない、やったらダメだ。そう思いながらも自分を抑え切れず、体が反応してやってしまう。もしくは気がついたらやってしまっていた。そんな状態です。

自分の人生のマイナスになるようなことを、やりたいと思ってやる人は誰もいません。でも、やってしまうのです。

こんなことやってはいけないなんて知ってる、やりたくなんてない。そう気づいている場合、徹底的に自分を責めてしまいます。自分を抑えられないことを病気ではないのか。自分は本当にダメな人間だ。そう思い込み、自分をあきらめ、悲しい気持ちになってしまいます。

自分で自分を責め、悲しい気持ちでいるとき、さらにエネルギーを浪費します。結果としてますます動けなくなります。自分を抑えられなくなります。

「自分はダメな人間だ」

「病気なのではないか？」

そんなふうに自分を責め続けた結果、やがてあきらめてしまいます。

自分はどうせこういう人間だと思い込んだとき、少し気持ちがラクになったような気がするのかもしれません。変わることをあきらめたからです。もう変わろうとしなくても済むからです。あとは開き直るだけです。それしかできません。


そんなふうに苦しんでいる子が、一番必要としているのは安心して過ごせる場所です。まずは疲れ切った心を休め、いっぱいになった気持ちを整理することです。

大地があってはじめて、地面を踏みしめ立ち上がることができます。

帰る陸地があってはじめて、沖に向かって泳いで行けるものです。

心疲れて動けなくなっている人が、そこから立ち上がるには、心にエネルギーが注がれるために必要なことは、なんの条件もなしに、

「ただ、あなただから大切なんだ」

そんな想いをかけてもらうことです。自分をそう感じさせてくれる人、場所が必要です。

なんの条件もなしに、そう書きましたが、〝無〟という状態を描くことは難しいものです。

また、条件なしでわが子を受け容れられるか。そう問いかけられても、無条件で受け容れるという状態とはいったいどうするのか？　無条件で受け容れるには、具体的にどう接したらいいのか？　親御さんにそんな疑問が残ったままでは、お子さんに無条件であなただから大切なんだという想いが伝わることはないでしょう。

「無条件で自分は受け容れてもらえるのか？」

そんな不安な気持ちをメッセージで伝えたくてもできない。届かなかった。気づいてもらえなかった。だから、頭で考えるのではなく、心で感じたまま、自分でも意識せぬまま、〝無〟ではなく、あえて世間ではマイナスと受け止められている状態になってしまう。

その状態こそが、不登校、非行、問題行動です。

第四章 共感

1 わかろうとすること

「話を聞いていて私も頭にきました」

「わかる、わかる」

「ある、ある」

これは共感でしょうか?

多くの辞書は、共感の意味を「ともに感じる」としています。ですから、これらも共感なのでしょう。つらい気持ちをぶつけたら、それをわかってもらえた。同じ気持ちになってくれた。話を聴きながら、涙を流してくれた。自分のつらさを、この人は自分のこととして受け止めてくれた。うれしく感じ、力を得ることもあるでしょう。そのように接してもらうことで、私自身うれしく感じたこともあります。また、そんなふうに接して、相手の方が喜んでくれたかなと思うこともありました。

ですが、このように相手のつらそうな表情を見て、自分の体験と重ねてつらさをともに感じる。相手と同じ気持ちを味わうこと。味わった気持ちになること。私はこれを、共感ではなく同感と位置づけています。同情ということもあるでしょう。

元気な時ならともかく、気持ちがいっぱいなとき、つらい気持ちを抑え切れなくなったとき、そんな気持ちが言葉になってあふれ出たとき、自分の気持ちをわかったつもりになられたり、同情をされたとしても、つらく残念に感じるのではないでしょうか。決して、その人の心にエネルギーが注がれることはないでしょう。その時、話を聞いていた人の意識は自身の心に向いてしまうからです。

つらい気持ちを話してくれた人は、それ以上話を続けられなくなるからです。

つらい気持ちが言葉としてこぼれ出たのは、こらえ切れなくなったからです。決して自分を哀れんでほしいのでも、同情してほしいのでもありません。そんなときは、さえぎられることなく、つらい気持ちを言葉にして話し続けたい、安心して苦しさに向き合いたいのです。

自分が抱えている苦しさをわかってほしいのではありません。わかろうとしてほしい。ただそれだけです。

誰かがわかろうとしてくれることで、自分も苦しい気持ちに向き合い、なにが苦しいのか理解しようとでき、味わいなおすことができるからです。

私がここで言う共感とは、わかることや一緒に苦しさを感じることではなく、わかろうとすることです。相談者の抱えた苦しさを、相談を受けた側がわかったつもりになったとしても、それは、あくまで相談を受けた人の経験をもとにしたものであり、話してくれた人のつらさとはまったく別のものです。そして、わかったつもりになったとき、相談を受けた側の意識は相談してくれた人ではなく、自分に向いています。

なぜ、その人はつらい気持ちを口にしたのか。

つらさが自分一人で受け止め切れなかったから、つい言葉が口からこぼれてしまったからです。

そんなとき、それを聞いた人が自分自身の気持ちに意識を向けたら、相談した人は、寂しさを感じるのではないでしょうか。その人はもう、自分の心に向き合えなくなります。

相手の苦しさを、自分の体験と照らし合わせて、わかったつもりになるのではなく、わかろうとし続けたら。苦しんでいる人が、そのままつらい気持ちを聴いてもらえたら。口にし続けることができたら。きっと苦しんでいる人は、自分自身でつらい気持ちに向き合い、感情を味わいなおすことができるでしょう。

では、そのようなとき具体的にどのような対応をしてもらえたら、相談した人はつらい気持ちを言葉にし続けられるのでしょう。わかろうとする態度とは、どのようなものなのでしょう。

相手の抱えている苦しさ、つらさをわかろうとすること。そこに自分の感情、意見、気持ちが入り込む余地はありません。自分の気持ちを入れず、ただ相手の気持ちをわかろうとしているなら、できることは限られています。

・うなずくこと
・相づちを打つこと

・相手が話してくれたことを要約して確認すること
・相手が言った言葉をそのまま返すこと
このくらいのことしか、できないはずです。これらの対応に、話を聴く側の気持ちが入る余地はありません。

そんな対応ができているとき、相談する人、される人、二人で話していてもその空間には相談している人の気持ちしかありません。相談している人は、目の前の人に苦しさを訴えながら自分と対話している状態になります。

そんな接し方をしてもらっているとき、人は自分のつらさに寄り添ってもらえた気持ちになります。勇気づけられ、自分のつらかった気持ちに向き合えます。その気持ちを言葉にし続けることができます。同時に、気持ちを言葉に変換することで、その感情を認め味わうことができます。それによって、アリストテレスが言うカタルシス、感情を浄化することができます。

2 二つの共感

「共感」という言葉を英語に訳すと、シンパシー【sympathy】とエンパシー【empathy】があります。語源を調べると、

【sym】：同じ
【em】：中に
【pathos】：感情、哀歓、悲哀

とあります。


シンパシーは同じ感情を味わうこと。

エンパシーは中に入ろうとすること。寄り添おうとすること。わかろうとすること。

そんな意味合いでしょうか。

前者は同じ気持ち、感情ですから、同情、同感。話をしている相手も、おそらく自分と同じ気持ちという前提です。

後者は、相手がなにを感じているのかはわからない、だからわかろうとする。

相手の気持ちの中に入っていく。

そんな意味合いの後者を、『寺子屋ありがとう』では共感と呼んでいます。

「あうんの呼吸などというように、お互いがわかり合えているという前提の人間関係が一般的になっている日本では、わかり合おうとする気持ちは希薄になるのかも知れません。相手をわかろうとすることより、相手をわかることのほうが大切。そんな考え方が根底にあるから、理解しづらいものをわかろうとしないで、排除しようとしてしまいがちになるのではないでしょうか。

一方、共感の意味を分けて使う欧米は、歴史的背景、異文化、異言語、多様な価値観の人が混在する社会と言えます。

ほかの人のことはわからないという前提でいるからこそ、お互いがわかり合おうという姿勢が持てるのではないでしょうか」

これは、私が講師を務めた講座で受講者の方が話してくださったことです。自分とは異なるものを安易に排除しようとする風潮の中にいると、自分が排除されまいという気持ちを持ってしまいがちです。排除されないために、自分の気持ちを抑え、違和感から目をそらし、ついつい周りに迎合しようとしてしまう。もしその人が、そのありように苦しさを感じないのなら、麻痺しているのでしょう。

社会に適応できるようであっても、苦しさを封印してがんばり続けている人が少なくない。私はそう思います。

3 涙を流すということ

目の前の人からつらい話を聴かせてもらったとき。なにかを思い出し、自身の経験を通して自分もつらい気持ちになる。話してくださった方をかわいそうに思う。そして涙がこぼれる。

このとき、話を聞いている人の意識は、自分のほうに向かっています。相手も自分と同じ気持ちだろうという前提でいます。

これは私どもの教室でいう共感ではなく同感です。もしかしたら同情かも知れません。

ただ、話を聴いていて涙がこぼれるケースは、もう一つあるような気がします。自分の気持ちを感じるでもなく、ただ相手の気持ちをわかろうとしているとき、感情が動いている自覚はないのに、声が上ずり、涙があふれ、こぼれてしまう。そんなことがあります。

ただ、相手のつらさをわかろうとする。その言葉で、その態度で、いったいなにを伝えようとしてくれているのかをわかろうとする。間違いなく、そこに意識は向かっているはずです。自分の頭の中でなにかを描いていたわけでもありません。なにかを思い出したわけでもありません。

それなのに気がついたら涙がこぼれていた。

まさにそんな感じです。

そのときの状態をあえて言葉にすると、相手の感情が、私の中にあるなにかとともに共鳴した。そんな瞬間であるような気がします。

「共鳴」

もう一つ、そんなかたちの共感もあるのかも知れません。

第五章

許し

1 誰を許す

相手を受け容れるとは、その人がそうしなければならなかった背景をわかろうとすること。

やったこと、出た結果、いまのありようについては、決して誉められるものではなかったとしても、そこまでの過程や、どうしてそうなっているのかをわかろうとすること。その人そのものを否定しないこと。「ねぎらう」と言葉を変えてもいいかもしれません。それが相手を受け容れること。

そして、自分自身にそんな気持ちで向き合うことが許しです。

許すとは、結局誰かを許すのではありません。「良き立派な親でなければ」など、自分の中にある、こうあらねばという価値観を手放すこと。こうでなければならないなんていうことはないと気づくこと。

要は、自分を許すことです。


過去のつらい経験。苦手なこと。得意なことであっても、もう一つ壁を乗り越えようと思えず、なかなか腰が上がらない状態。こうでなければと思いながらできないこと。こうであって当然と思いつつ苦しんでいること。

人はついつい、その苦しみから目をそらしてしまいがちです。それらに気づいていない、もしくは、自分は強いからそんなことはない。そう思い込んでいることも少なくありません。確かに、それらを認めること、向き合うことはとても勇気のいることです。

自分でも認めることができない、自分の中にある嫌な面や、苦しんでいることを誰かの姿の中に見るとき、イラッとしたりカチンときたりします。そんなとき、自分を抑えられなくなります。その人を力ずくで変えようとしたり、必要以上に激しく攻撃してしまうこともあります。相手も、自分自身も、とてもつらく感じることです。

人にはいろんな性格、特徴があり、一人一人さまざまなかたちで現れます。すべての人が、すべての性格の要素を持っていて、それをそれぞれがその人らしく表現しているように思います。

社会通念上よろしくないと言われるものは、道徳心、しつけなどで抑え込みます。また、社会のなかで生きやすくするために我慢します。自分にそのような面があってはならないと、自分にはそんな嫌な面はないと思い込みます。そのとき、自身の認めがたい一面に向き合えなくなります。自分の嫌な面を抑え込んでしまいます。

抑えるべき面を抑えること。それは間違いなく、社会生活を送る上でとても大切なことです。ただ、自分にもそんな一面もあると気づくこと。出してはいけない一面が自分にもあると認めること。それができないと、自分が抑えているものを他者の姿の中に見たとき苦しさを感じてしまいます。

その人も自分と同じように抑えるべきだと変えようとするからです。

この場合の変えようとするとは、その人のいまを、感情的に否定することです。そんな人の言うことなど聞いてもらえるはずがありません。


ここでいう「許し」とは、ほかの誰かを許すことではありません。自分が苦手なこと。なかったことにしてしまいたい、過去のつらい出来事。みっともないこと、恥ずかしいこと、悔しいこと。そんなことが自分にもあると認めることです。それができたら、他人の姿に似たようなものを見たとしても、怒りや苦しさを感じることはなくなります。

その人を変えようとすることもなく、温かく見守ることができます。それができてはじめて、おかしく感じたものは、冷静に意見として、相手にしっかりと伝え、訴えることができます。


自身の中にある認めにくいことを認める。その勇気を得る方法の一つは、誰かに話を聴いてもらうことです。

否定せず、肯定もせず、感情を動かすこともなく、こちらの気持ちをわかろうと話を聴いてくれる。そんな人に打ち明けることができたら、いままではつらくて向き合うことができなかった、自身の内面を見据えるきっかけになります。つらかった出来事を思い出すこと、気持ちを言葉に変換し、口にすること。それは、そのつらかったときの感情を味わい直すことでもあります。

何回も書いていますが、感情は味わいなおすことで薄らぎます。苦しさも軽くなりやがて消えます。それが自身を許すことにつながります。

自分を縛っていたさまざまな価値観。こうでなければならないという気持ち。できて当たり前だと思っていたことができない。それをつらく感じる時、ついつい自分を責めてしまいます。自分を責めることをやめること。自分を縛っていた価値観を手放すことが許すことです。

「あの人は心を開いてくれない」
「うちの子はなにも話してくれない」
これは、その人が話してくれない、心を開いてくれないのではなく、なにかがその人をそうさせていたから。

その人が、そんなことを話したら責められると感じてしまっているからです。

誰かから責められる。そんな気がするのは、自分が自分自身を否定しているから。

周りの価値観に忠実に従おうとしたけど、自分にはそれができなかった。そのことにつらさを感じる、そんな自分を責めていたからです。

許すとはそんなふうに自分を責めることをやめること、社会からすり込まれた価値観からの決別でもあります。

生きづらい世の中とは、自分を許す勇気を持てずに、自分を否定しつつ他人をも裁く。そんな状態が蔓延している社会です。

2 聴き方教室

私が講師を務める連続の講座で「聴き方教室」というものがあります。家庭で、学校で、職場で、気のおけない仲間同士で、日常の人間関係のなかで人の話をどう聴いたらいいか、どう人と関わればいいのかを学び合う場です。

講座のなかで、受講者のみなさまから、質問や意見をいただく時間をなるべくとるようにしています。講義を聞いて、ご自身が話しているなかで、なにかを思い出し、感じることがあるようです。突然、せきを切ったようにご自身の経験、気持ちを話してくださる方がいらっしゃいます。

ほかの受講者のみなさまは一所懸命その話を聴こうとしてくださいます。さえぎることも、助言することも、励ますことも、応援することもなく、聴けないと目を逸らすでもなく。じっとそのつらい気持ちに寄り添うように、真剣なまなざしで話を聴かれています。

話してくださった方は、話し終わった後、目に涙をためたまま「すっきりしました」と笑顔を見せてくださいます。また、いままでこぼしていた愚痴の相手に対して、突然感謝の気持ちを口にしたりすることもあります。

その人のなかで、なにかに気づき、受け容れることができたのでしょう。こうでなければという価値観を手放し、相手の方を許し、自分をも許した瞬間です。その人が、誰かを、なにかを許して自分を許した。これこそが、その人の変容の瞬間であり、問題が解決した状態です。

この人にはここまで、このことについてはこのくらいまで。そんなふうに、人は誰かから責められない範囲を探りながら、少しずつつらい気持ちを打ち明けてくれるもの、心を開いていくもの。以前私はそう教わりましたし、そう思っていました。聴き方教室での受講者のみなさまの様子を見てきて、いまはその考えは間違いだったと思っています。

人が抑えてきた気持ちを開放して、なにかを話してくれるとき。それは、この人なら自分を責めないという安心感を得たときではなく、この人にならば責められてもいいという覚悟ができたとき。そんな気持ちになれたとき、人は心を開き、思いのたけを話してくれる。そのときこそ、自分が自分自身を許したとき。いまはそんなふうに思っています。

許すとは決してあきらめ、妥協、開き直りからなにかをよしとした状態ではありません。どんな自分であってもその状況のなかで、最高の人生を送ろうと覚悟すること、受け容れることです。人からあきれられても、嫌われても、軽蔑されてもいいと覚悟することです。

では、人はどのような人と向き合ったときに、そのような覚悟ができるでしょうか。どのような人になら責められてもいいと思えるでしょうか。

それは、やはり自分を裁かない人です。ですから、つらい気持ちを話してもらうには、裁かずに人と向き合うことがなにより大切だという私の気持ちは変わりません。

また、裁かれる覚悟ができた人を、人は裁くことはできません。裁かれること、そのままの自分で最高に生きると覚悟すること。私にはなかなかできないことです。

私は、そんな覚悟を持って生きる人に対して凄味を感じます。尊敬の念を抱きます。

人が裁かれる覚悟ができたとき。その人が自分自身を許したとき。このときこそが、その人のなかでの最終的な解決をした時です。

たとえ状況がなんら変わっていなくとも、周りの人から見たら大変な状態であったとしても、なにかの手続きが残っていても、誰かに話せた時点で、その人のなかでは解決です。

なにも恐れるものも、苦しく感じることもありません。

勇気とともに自分に向き合い、つらい気持ちを言葉に変換し、伝えてくださる方を前にするたびにそう思います。

もっとも、状況を受け容れ、自分を許し、その結果として問題としていた状況が大きく変わった。世間でいわれている「問題が解決した」ということもよくある話ですが。

3 シーシュポスの神話

世に一番残酷な刑罰や拷問は、意味のないことをくり返し、延々とやらせることと言われています。大岩を山頂に押し上げさせる。山頂に達すると、その大岩が麓まで転がり落ちてしまう。そして麓に転がり落ちた大岩を、また山頂まで押し上げさせる。

そんな刑罰を与えられたのが、ギリシャ神話の神、シーシュポスです。ギリシャ神話ではくり返し延々と大岩を山頂に運ぶ姿が描かれています。

なんのためにやっているのか、なにが楽しいのか、まったく理解できないままやらされていること。以前私はこの刑罰をつらいことの象徴と受け止めていました。意味を見出さないまま努力を強いられ続けること。講演などではよく、嫌々やらされ続けている勉強の比喩として使っていました。大切なのは実感できる成果であり、それがあってはじめてやりがいを感じられる。だからこそ、力も知恵も湧き出てくる。そう思っていました。

シーシュポスの神話にかぎらず、ギリシャ神話では道徳心を疑われるような神々の振る舞いが、多く書かれています。人間でもそこまではというような話もあります。

神話には、人や人生に対する比喩の面があるといわれています。神話の登場人物が神に姿を変えていることで、人は他人事としてその物語に自身の人生を置きかえ向き合うことができます。そのとき、自分でも気づいていない、心の奥に抑え込んだもう一つの自分の姿を見ることになります。そして、精神的に距離をおきながら、普段ではとても向き合うことができない、自分の中にある認めがたい一面を見ることができます。

生まれてから背負ってしまった、こうでなければという価値観。それは、背負い込んでしまった自分に対する重石のようなものです。その重石を、生涯をかけて一つずつ手放していく。自分を抑え込んでいた価値観を一つ手放すことで自由になり、器が大きくなります。器が大きくなったぶん、向き合うことができる、認識できる問題が増えます。その器にふさわしい、新たな試練が自分にのしかかります。そしてまたそれを、時間をかけて手放す。それこそが人生であるのなら、シーシュポスが生涯延々と石を山頂に押し上げさせられる姿は、まさに人が生きる姿。

シーシュポスは、どんな気持ちで石を押し上げていたのでしょう。同じことを一生涯延々とくり返させられるわけです。はじめはまさに、この世の中でもっともつらい刑罰だと感じたことでしょう。でも、あるとき気づくのかもしれません。押している石、通る道、それらは変わらないとしても、初めて石を上げているとき、2回目に押し上げているとき。あるときから、心の中のなにかに、体で感じるなにかに変化があったのかも知れません。無心に体を動かすことでさまざまな気持ち想いが湧きあがってきます。その感情を味わい浄化し、自分自身と向き合い対話することになります。その過程で、もしかしたら、その刑罰になんらかの意義や喜びを見出せていたのかもしれません。

なんの変哲もない毎日。なんの成果も報酬もない、同じことのくり返しの中に意義を感じる。これこそがすべてを受け容れた状態なのかも知れません。すべてを許し、手放せた姿と重なるものを感じます。そこに喜びを見い出す。それこそが、最終的な幸せのかたちといえる。そんなことはないでしょうか。

一見、なんの価値のないもの、ただつらいだけのことの先に、最も大切なものがある。そんなことをこの神話は、伝えようとしているように感じます。

そして、なんの意味も感じられないことを無心に寡黙にくり返すこと。比較競争の世界に身を置いている多くの人が、本当は心の奥でそんなことを望んでいる。そんな気がします。

第六章

望み

1 子どもたちが望んでいること、人生をかけて訴えていること

私が講演に呼ばれた際、よく受講者の方にお尋ねすることがあります。どうぞ、みなさまも一緒にお考えください。こんな質問です。

「お子さんは、親御さんになにを望んでいると思われますか？」

どうお考えですか？ もちろん正解や間違いがあるわけではありません。これまでに受講者のみなさまからいただいた答えです。

「抱きしめてほしい」

「一緒に遊んでほしい」

「認めてほしい」

「愛してほしい」

「ほめてほしい」

「受け容れてほしい」

「共感してほしい」

いろいろなかたちで意見を出してくださいます。すべてそのとおりだと思います。きっと小さなお子さ

んは、親御さんに対してそんなことを望んでいるのでしょう。

「それではもう一つ質問です。その望んでいることを通じて、子どもたちはなにを得ようとしていると思いますか？」

そう質問を続けると、なかなか答えは出ません。質問を変えてみます。

「では、その子の望みがかなったとき、お母さんの気持ちはどうでしょう？」

そのとき、受講してくださる方々の口から出る言葉は、

「幸せ」

「うれしい」

「穏やかな気持ち」

「温かい気持ち」

そんな答えが返ってきます。抱きしめてほしい、遊んでほしい、認めてほしい、愛してほしい。子どもたちは決してそれだけを求めているわけではありません。

それよりも、そうしてもらうことによって、

「幸せ」

「うれしい」

「穏やかな気持ち」

「温かい気持ち」

親御さんにそんな気持ちでいてほしいだけです。

親御さんに幸せでいてほしい。そのために、子どもたちはもっと自分に振り向いてほしいと訴えている。それだけです。


納得していただけましたでしょうか。そうお伝えすると、親御さんはハッとした表情をされます。ご自身を子どもの立場に置き換えたり、いままでのお子さんとのやり取りを思い出されるのでしょう。

生まれたばかりの子どもにとって、親は世界。子どもにとって、そのくらい大きな存在。そうであるならば、そばにいる親御さんが、悲しんだり、不安そうだったり、怒ったり、争いごとをしているとしたら。そのとき、その姿を見ている子どもはどんな気持ちでしょう？ 火事と地震と雷と戦争と、その子の中で、全部まとめて同時に起こっているような状態なのではないでしょうか。

いま、大人である方も、子どもの頃はすべての人がそうであったはずです。

思い出していただけたでしょうか。子どもたちがなにより親御さんの幸せを願うということは、当たり前のことです。

お子さんが生まれて間もないとき。親御さんもお子さんも幸せに満ちています。やがて、経験豊富な大人の方が先に、無条件のまま子どもに向き合えなくなります。子どもが生まれてしばらく経つと、親御さんの頭の中をいろんな形で、お子さんに対する想いがよぎります。子どもに対し、こうあってほしい、こうあるべきだ。それこそが、わが子が幸せであるための条件。そんな価値観を握ってしまいがちです。

そしてその姿を見た子どもたちは、親御さんが喜ぶのならと、それに応えようとします。

子どもたちにとって一番の喜びは、親御さんに喜んでもらうことだからです。どんなことでもしたいと思います。そして、がんばります。がんばり続けようとします。

親が子どもにではなく、先に子どもが親を無条件に受け容れようとしていた。そんなことはないでしょうか。私にはそうとしか思えないことが、少なくありません。

子どもたちが疲れ果てて動けなくなったり、自分を抑えられなくなったり。

「この子はきっと、なにかを期待されているように感じて、それに対して一所懸命に応えようとしてきたんだろうな」

子どもたちの話を聴かせてもらうと、そう思うことがよくあります。

「特別なにか期待をかけていたわけでも、プレッシャーになるようなことをしたつもりもないのに」

親御さんはそう言われて驚かれます。きっとそうでしょう。特別なにか期待をされたわけではなかった。それでも、子どもたちは敏感になにかを感じとり、親御さんを喜ばせたいという一心でがんばります。誰に頼まれるでもなく、子どもたちは、精いっぱいがんばり続けようとします。毎日毎日、来る日も来る日も、精いっぱい。そんな気持ちを、すべての子どもたちの中に感じます。

なにを、がんばるのか？

評価をもとに自分のことを喜んでくれる人。それは、ごく限られた人だけです。そして、その喜びは永続的なものではありません。本人が心から望んでいるのは評価されることではないからです。

高い評価を得た人は、同じように高い評価を得ている人同士で比較されます。自分の評価が下がるのではないかという、得たものを失う恐怖が生まれます。

自分の価値観とはまったく異なることで、比較され、評価される。そのことからは、勝った人、高い評価を得た人も含め、結局は誰も幸せになれません。

いくらがんばっても、喜んでもらえるような結果を残せそうにない。がんばっても、際限なくなにかを求め続けられるような気がする。そして、それに応えられなくなったとき、ダメだ、自分には無理だと思ったとき、自分を徹底的に責め、心の力を浪費します。やがて、社会生活を送るために必要な心のエネルギーは足りなくなります。その瞬間、動けなくなったり、自分を抑えられなくなってしまいます。

子どもたちは親御さんの表情を見て、その気持ちを敏感に感じ取ります。誰かを喜ばすため、自分はずっとがんばり続けなければならないと思い込みます。それができなくなったとき、自分をあきらめてしまいます。この苦しさは、大なり小なり多くの子が持っているものです。

その苦しさを、しっかり自分のなかで感じとってしまい、それを親御さんに受け止めてもらえると確信を持った子に現れるものが、非行、問題行動、不登校という現象です。

そのような状態になった原因を放置したまま、目の前の現象にだけ焦点を当てる。子どもたちの状態、ありようだけをなおそうとする。

学校に行くことができない子を行かせようとする。

暴れる子を力ずくで抑えようとする。

そのやり方では一時的に効果があったとしても、いつか別のかたちで問題が起こります。根本原因はそのままだからです。

社会的価値観を刷り込まれ、それに応えようとすること。それに応えられないまま、疲れきり、自分を責め、心のエネルギーをどんどん浪費する。そのままでは、いつまでも立ち上がることはできません。エネルギーの枯渇した子どもたちが立ち上がるために必要なことは、その子が自身を不本意な形でコントロールしている苦しい感情を認め、味わいなおし消すことです。お子さんは、あせらないこと、自分を責めないこと、安心することが必要です。

そのために親御さんはお子さんが生まれたばかりのときに感じた想いを取りもどすことです。

「自分の子どもだから」それ以外の条件は一切なしで、「大切な存在なんだ」という気持ちを思い出すことです。

自分のことを大切だと思ってもらえていると、お子さん自身が親御さんの想いを感じることです。そのためには、そんなメッセージを親御さんがお子さんに届け続けることが必要です。子どもたちが望んでいるもの、そして大人が子どもたちにしてあげられることはこれだけです。

心と気持ちに余裕を持つことができたら、評価やなにか条件がなければ自分には価値がないという呪縛から開放された状態で立ち上がることができたら、その後は自身の価値観をもとに、自分が周りと社会とどう関わるか、そんなことを考え始めます。

学校に行けない、非行、問題行動をくり返している。たとえいまその状態であったとしても、その子はそのままでよしとはしていないからです。

ただ、いままでがんばり続けてきた、がんばり続けなければならないと思っていた子どもたちに、「がんばらなくてもいい」という言葉だけをかけても、それは伝わらないでしょう。

多くの親御さんに言われました。

「私たち（ご両親）もいつまでも若いわけではない、先に逝ってしまう前になんとか立ち上がってほしい」

お子さんを思うからこその言葉です。そんなとき、私はあえてお尋ねすることがあります。

「お子さんが仮に生涯社会と関わることができなかったとしても、それでもあなたはわが子だからという理由だけで、この子を愛し続けることができますか？」

子どもたちは人生をかけて、そこを問うているのです。もちろんそれは頭で考えてのことではなく、心で感じたまま体が勝手に反応してのことです。

親御さんが生きているあいだだけで構いません。世間からの冷ややかな視線や批判を感じてしまうこともあるでしょう。そのような状態を理解できない方からの、無責任な助言や批評を受けることもあるでしょう。それらから自分が防波堤になって、わが子を守り抜くと覚悟できるか。親御さんはそこを問われているのです。

その覚悟さえできたら、「がんばらなくていい」という気持ちは、必ずお子さんに伝わります。

覚悟すること。それだけが親御さんが、苦しんでいるお子さんにしてあげられる唯一のことです。自分の子どもだから。そのほかになんの条件もなしにです。

お子さんが自分のことを思ってもらえると感じたら、安心感を得ることができます。

そして、安心するとともに、もうなにも確かめなければならないもの、得なければならないものなどなくなります。そのときこそ心にエネルギーが注がれ、自分の気持ちに向き合うことができるようになります。そして、必ずそこから立ち上がることができます。

では、子どもたちがなぜそこまでして親御さんに、自分を無条件で受け容れ、我が子だからという理由だけで愛してほしいと思うのでしょうか。

それは、親御さんが誰かから押しつけられた価値観にとらわれることなく、わが子を条件なしで受け容れ、愛しているときこそが、親御さんご自身が一番幸せそうだからです。

くり返しになりますが、子どもたちがなにより望んでいるのは、親御さんが穏やかな表情で幸せそうにしていることだからです。


子どもたちと関わるなかで、子どもに変化があるときは必ず親御さんにも同じような変化が現れます。

お子さんに笑顔が戻ったとしたら、きっと親御さんにも笑顔で過ごす時間が増えたのでしょう。

お子さんが充実した表情で学習するようになったのなら、きっと親御さんも充実感を味わっておられるのでしょう。

お子さんが穏やかな表情になったときは、きっと親御さんも穏やかな表情で過ごされているのでしょう。

お子さんが幸せそうにしているのなら、それはきっと親御さんが、いま、幸せなのでしょう。


親御さんが幸せであるなら、子どもたちはもうなにも伝えようとする必要はなくなります。自分が苦しむことによって、親御さんになにかを気づかせようとする必要はなくなります。そのときこそ、その子は安心して立ち上がることができるようになります。

2 居場所

フリースクールを語るとき、よく居場所という言葉が出てきます。居場所とはなんでしょう？ どのようなイメージをお持ちでしょうか？ なにもしなくても、好きなことをしていて、なにもとがめられず、求められず、安心して過ごせる場所。一日を楽しく過ごせる場所でしょうか？ 私は子どもたちが、いつまでもそういう場所を求め続けるとは、到底思えません。

動けなくなるまで心が疲れ、気持ちがいっぱいになったのなら、そんな状態から立ち上がるまで、ただ安心して休むことができる場所が必要なこともあるでしょう。ただ、そこで必要なものが得られたら。気持ちの整理ができ、心のエネルギーが蓄えられたら、必ずその子は立ち上がります。少しずつでも必要であるものが蓄えられているのであれば、いつまでもそこにとどまることはありません。欠乏感からくる欲求は、不足していたものが満たされるにつれ弱まるからです。

逆に言えば、いつまでも立ち上がることを拒み、そこに居続けようとしているのであれば、その場でその子に必要なものが得られていないのかも知れません。いつまでも離れられない場所であるのなら、もしかしたら逆になにかを奪われているのではないでしょうか。

そこから離れようとしない者、そして離そうとしない者。加わるものを賞賛し、離れるものを非難、批判する。罪悪感と恐怖心、アメとムチを使い分け、その人の思考を停止させ、物事の判断ができなくさせる。そんな場所を居場所と称していることもあります。

いつまでも立ち上がることができないのであれば、立ち上がることのできない環境にいるのではないでしょうか。思考を停止させられ、双方が依存し合い、足を引っ張り合っている状態だからではないでしょうか。

そうであるなら、たとえ居心地がよかったとしても、そこは私が思う居場所ではありません。

自身の変容なしに、なにかに助けを求め、すがり続けるうちは、いつまでもそこから離れられないでしょう。たとえ問題が一つ解決しても、同じレベルの別のことに意識が向かい、新たな問題に気づくからです。そして、新たな問題に直面するたびに、誰かに状況を変えてもらうしかないからです。

生涯をかけ、お互いがともに成長するという場。そんなことをうたい文句にしているコミュニティーもあります。本当にそうであるなら、それは構わないでしょう。ただ、人を引き止めるための方便として、そのような理念を掲げているケースもあります。

その集団から離れられないのであれば、距離を置いた関わりができないのであれば、一度振り返ってください。そこから離れることに、罪悪感、恐怖心を抱いていませんか？

自分が渦中にいる場合は、気づきにくいことでしょう。わかりやすい判断方法の一つは、代表やリーダーが集団に属する人を称賛し、逆に離れた人を、強く批判していないかどうかです。

群れから離れることに対して、罪悪感と恐怖心をあおる。アメとムチを使う手法です。アメには飽きますし、ムチには慣れます。人を引き止め続けるためには、アメもムチもエスカレートさせ続けなければなりません。最後に関係は破綻します。暴走する集団もあります。

親御さんがなにかにすがり、依存し続ける。そのような状態でいるうちは、お子さんが立ち上がることはありません。

そこにすがっているうちは、親御さんご自身とお子さんに向き合うことができないからです。向き合わなくて済むからです。自分の力で、そこから立ち上がらなくてもいいからです。子どもたちはメッセージをなんらかのかたちで発信しているのに、親御さんが振り向こうともしない。お子さんは、いつまでもそこにとどまらざるをえないでしょう。

また、私がここでいう居場所とは、特定の空間を意味するものではありません。私が思う居場所とは、なにかつらいことがあったとき、こんな自分であっても、一切否定することなく受け容れてくれると思える人、場所。一人一人が心の中に持つ想いです。

誰かと一緒にいなくても、その空間に身を置かなくても、思い出すだけで、やがて思い出さなくても平気でいられる。そんな心のよりどころとなるような人、空間が居場所です。

では、どのような場所が居場所になり得るのでしょう。私の考える子どもたちが人が心から求めている居場所とは、なんの条件もなく、ただ自分だからということで、自分を必要としてくれる場所です。自分がいることを喜んでくれる。そんな人がいると、実感できる場所です。

条件なしで人とつながっていたい。特別の理由がなくても自分を認めてほしい。ただ自分だからというだけで、人から存在を認めてもらいたい。そこにいるだけで喜んでもらいたい。そんな気持ちが満たされる過程で、誰かと一緒にいたいという欠乏感からくる欲求はなくなります。一人でいることができるようになります。自分を必要としてくれる人や場所がある。そんな安心感があってはじめて、人は一人で外に出ていけるものです。

ただ賞賛し甘やかすだけ、現実逃避させる。いままさに苦しんでいるという弱みにつけこみ、その集団から離れられないように恐怖心をあおる。そのような場所に浸かっていたら、いつまでたっても、外に出てみたいとか、思いっきり体を使って社会と関わりたいという気持ちになれるはずがありません。そのような場所は居場所ではありません。自立したいのであれば、いてはいけない場所です。

居場所は、人それぞれ、いろんなかたちで、それぞれの心の中にあるもの。「寺子屋ありがとう」もそんな居場所でありたいと願っています。

ただ、本来この居場所は、家庭や学校、そして地域にあるべきものです。うちのような教室があること自体おかしなことです。うちの教室のような場は、誰も必要としない社会でなければと、私は思っています。ですから、うちの教室の最終ゴールは、あくまで「解散」なのです。

第七章 寺子屋ありがとう

1 不登校、問題行動

いまの子どもたちの問題が不登校、引きこもりであるなら、いまから30年以上前、私が学生の頃は校内暴力、家庭内暴力という社会現象がありました。もしかしたら、その前の世代で起きていた学生運動も、根本的な原因として同じものがあったのかも知れません。決していまの時代の子どもたちだけが、社会のありように違和感を持ち、それを表現しているわけではありません。

いつの時代もなにかに違和感を持ち、それを抑え切れず、見て見ぬふりできずに反応してしまう。それが子どもたちの問題と呼ばれるものの、本質なのではないでしょうか。

学生運動、校内暴力、家庭内暴力に対して、大人は力で鎮圧してきました。それは、法律的にも可能なことでした。もちろん、力ずくでも止めなければならないものもあったでしょう。

しかし、いまの不登校や引きこもりという現象については、いままでのような力で抑え込むという手法はまったく通用しません。むしろ逆効果です。

いままでは法律を盾に、力ずくで解決してきたつもりでいたのかも知れません。大人たちは、問題の本質には向き合わず、子どもだけを変えようとして、実際に力で抑えてきました。

そして、力ずくで抑えられ変えられてきた側が、いつの日からか、抑える、変える側に立場が変わっている。いまもそんな状況がくり返し続いています。

子どもは力ずくでなんとでもなる。不登校、引きこもりという現象は、そんな大人たちにとってはお手上げです。では、本来大人が向き合うべきだった問題の本質、根本的な原因とはなんだったのでしょう。

子どもたちの問題の根本的な原因は、大人も子どもも、心が休まる場所と時間が極端に少なくなったこと。

私はそう思います。

2 戦後〜高度経済成長期

昭和39年、私は高度経済成長の中に生まれました。がんばれば、がんばっただけ、それなりの生活や人生が保障されているという希望のようなものと、がんばらなければ、がんばり続けなければという焦燥感、その両方を親の世代から感じていました。また、私自身もまったくそのとおりだと思い、疑うことはありませんでした。

私は子どものころのあるときを境に、なぜか突然力尽きたように、まったく勉強が手につかなくなりました。そのとき、がんばれない自分を徹底的に責めました。

なんとかしなければならない、自分を鍛え直したい。そんな気持ちで全寮制の男子校に入学しました。その後は競技スポーツの世界、学生時代はラグビー、その後はいくつかの格闘技に居場所を求めました。そして、自然相手の厳しい環境の職場で20年勤務していました。

いま思うと、自分には合わない無理のある生き方でした。

ずいぶんつらい思いもしましたが、それがなければ気づけなかったこともあったでしょう。私には合わないながらも、必要な過程だったのでしょう。この経験、この時期があったからこそそのいまだと思っています。

がんばることが悪いことだとは、決して思っていません。むしろ、素晴らしいことだと思います。

ただ、自分を鍛えることだけで自分が変わったつもりになり、なんらかの問題を克服できたと思っている人は、今度は人を叱咤激励し、変えようとしてしまいがちです。そして、変われない人を責めはじめます。自分を鍛えて変わって、問題を克服できたと思っていても、心に未消化のつらさを抱えているあいだ、その苦しさはどこかに向かうからです。

職場や学校で疲れたり、気持ちがいっぱいな状態でいるとき、どこかで気持ちをリセットし、心を休めることができなかったら。なんの条件もなく、自分を受け容れてくれる場所がなかったら。その疲れやつらい気持ちは、自分の中にどんどん蓄積されるでしょう。そのつらさは、さまざまなかたちで一番立場の弱い人に向かいます。私の場合、私が抱えていたつらさは全て自分の子どもに向かいました。

いま思えば、私が子どもだったころはすでに、私だけでなく生きづらさを感じていた同世代の仲間がいました。でも、いまほどみんなが気持ちがいっぱいな状態だったわけではなかったのかも知れません。

家には、おじいちゃんやおばあちゃんのいる家庭がいまより多かったように思います。

学校からの帰り道。近所のおじさん、おばさんに「おかえり」と声をかけてもらうことがよくありました。

ほんの一瞬でも、気持ちが切り替わり、心がなごむときがありました。そのように家庭で、社会で、支えられる場所、機会が多くありました。ですから気持ちに余裕のある子も、いまよりはずっと多かったように思います。

いまに比べたら、当時は日本全体がまだずいぶん貧しい時代でした。でも、子どもたちが学校から帰っても家にだれもいない。笑顔で自分を迎えてくれる人がいない。そんな家庭は、いまほど多くなかったように思います。

いまの社会はどうでしょう？　私が子どもだったころに比べ、世の中は物質的にも金銭的にもずいぶん豊かになったはずです。それなのに、私が子どものころより、大人も子どもも生きづらさを感じている人は増えているように感じます。

核家族化は進み、共稼ぎの家庭も増えました。それが普通の状態となりました。それが特別ではなく、当たり前のことになったからなのでしょうか。「かぎっ子」という言葉を聞かなくなりました。

学校から帰っても誰もいない。いても疲れている。そして、家の外の社会も人間関係が希薄に。一瞬でも心がなごむ。そんな機会はずいぶん減ったように思います。

3 自分との対話

以前は手で洗濯をしたり、薪で煮炊きをしたり、少しの距離なら歩いたり、そんなことが当たり前の生活でした。

毎日くり返さなければならない単純な作業は、意味を感じにくいものです。無駄な時間だと感じてしまいがちです。それらを強いられてきた人たちにとっては、できることなら、やらずに済ませたかったことでしょう。

ただ、単純な作業を無心でやっているつもりでいても、無心でいることは難しいものです。なにも考える必要がないとき、そんなときこそ、次から次へとなにかが思い浮かんできます。なにも考えていないようでありながら、自然となにかを思い出し、感情を味わい直す、自分と向き合う時間になっていたはずです。

自動車や電化製品の急激な普及で、物質的にはずいぶん豊かになりました。体力的にも時間的にも、ずいぶん楽になれたはずです。それなのに、一昔前といまとを比べて、いったいどちらが、いつも気ぜわしく心疲れた状態でいるでしょう？

「変わるべきは子どもたちではなく、社会のありよう」

私はいまの世の中の問題は、物質的に豊かになったにもかかわらず、豊かさを感じることができない心の状態。そうしてしまう一人一人が握りしめてしまった価値観にこそ、原因があると思っています。

そしてその状態は私が子どもだった頃より、さらに言わせていただけば、私が教室を立ち上げたわずか数年前よりもひどくなっているように感じています。

では、どうしたらいいのでしょうか？ 私は決して、核家族化をとめようとか、共稼ぎをしなくてもいい社会を作ればいいなどとは思っていません。お父さんお母さんに家に戻れというようなことをいうつもりもありません。

状況だけを、環境だけを変えてもなんの意味もないからです。置かれた環境は、とりあえずどのような状態でも構いません。なにより大切なことは、一人一人の大人が心穏やかに、幸せに過ごすと決めることです。

働くことも、勉強することも、必死に努力してきたことすべてはそのためのものであったはず。まずは、そのことを思い出すことからです。

いまの生活が物質的に豊かになったのなら、当然心も豊かに生活を送ることができるはずです。つらい気持ちが以前より募っているのであれば、なにかがおかしい。なんらかの間違いをおかしているはずです。

心穏やかに日々を送るために必要な、なにかを見失っているのではないでしょうか。まずは大人が、このことに気づくことです。

そして、どこか一か所でも、一瞬でも、まずはすべての大人が心安らぐ場所と時間を持つことでしょう。大人が少しでも心に余裕を持てたら、間違いなく子どもたちの生きづらさは大きく解消されます。

大人の生きづらさ、苦しさを家庭で受け止めた子どもたちが、学校で、子どもたちの世界で、そのつらさを発散する。そして、人が持つつらさを感じ取ってしまうだけでどこにも発散できない子は、苦しさを抱え込み、どんどんエネルギーを奪われる。

不登校、非行、問題行動という状況にならなくとも、いつも感じている生きづらさ、苦しさから、子どもがつらそうにする。子どもが心を閉ざすから、家庭でさらに閉そく感が漂う。親御さんにもさらにつらさが募る。いまの社会には、そんな悪循環が蔓延しているように感じています。

不登校、非行、問題行動の状態から立ち上がる。

大人はそのままなにも変わらず、子どもたちだけ変えようというのであれば、それはずいぶん時間のかかることになります。かなわないかも知れません。

多くの子どもたちの笑顔を、一人の大人の怒り、悲しみ、閉そく感で打ち消すことができます。それはとても簡単なことです。大人にはそれだけの力があるからです。そして、それは大人にはそれだけ責任があるということです。

くり返しになりますが、動けなくなったり、自分を抑えられなくなった子どもたちが立ち上がるには、周りの大人の当事者意識が必要です。

当事者意識を持つとは、決して責任を感じ、反省し、自分を責めるということではありません。子どもたちに、大人の力で安心感を与えることです。そのままで十分に素晴らしい子どもたちなんだと、その想いを伝えることです。そのためには、親御さんが抱えている、必要のない苦しみや、その苦しみをもたらす価値観を払拭することです。握りしめたこうでなければという思いから解放されることです。

子どもたちが本当に心から望んでいること。それはなにより、そばにいてくれる大人が穏やかな表情で過ごしていること。

大人が不幸なまま、そばにいる子どもだけが幸せになることはできません。子どもたちは、大人、親御さんにこそ幸せになってほしいと心から願っているのですから。

子どもの問題を解決するには、子どもたちが心で望んでいることをかなえることなしにはありえないはずです。

4 教育

私どもの教室『寺子屋ありがとう』では、子どもたちと個別指導、グループ授業という形で主に学習を通じて関わらせてもらっています。グループの教室授業では、一人の講師が学年の異なる数名の生徒の勉強を、それぞれの内容とペースで見ています。そんな様子を見ると、塾のように見えるかも知れません。ですから、「おたくはフリースクールじゃない」と言われることがよくあります。日本ではフリースクールについて、明確な定義がありません。私どもの教室の実態が一番よく伝わると思うので、「フリースクール」と名乗っているだけです。


うちの教室が、なぜ学習を通じて子どもたちと関わっているのか。

まず、学ぶことが人にとって楽しいこと、喜びであることを思い出してほしいからです。

また、学校に行けない、授業にまったくついていけない。たとえ今はそういう状態であったとしても、それで人生の可能性や選択肢が狭まることは一切ないと納得してほしいからです。自分をあきらめてほしくないからです。

学校の成績が思わしくないことで、自分を頭が悪いと思い込まされているケースは少なくありません。

それにより、自分に価値がないと思い込んでいることさえあります。

そして、その思い込んだとおりの成績になっていたり、その状態から抜け出せなくなっている、そんな悪循環に陥っているケースをよく見ます。

頭が悪いのではなく、成績が悪いだけです。成績が思わしくないのは、いままでの教え方、教わり方が自分に合わなかっただけです。


人の知性の種類を表したものに、ハワード・ガードナーの多重知性論というものがあります。人の知性を分類してあります。

論理数学、言語、音楽、内省、身体運動、空間、自然、人間関係の八つです。

それぞれをさらに細分化できるので、人が知性を発揮できる分野は無限にあると言えます。知性という言葉を能力と置き換えても構いません。

この八つを見るたびに、学校教育はとてもよくできていると思います。学校は本来であれば、これらすべての才能がバランスよく育まれる場になっているからです。

論理数学、言語、音楽、身体運動などは、そのまま教科になっています。授業科目の中にはなくても、内省、空間、自然、人間関係の能力は、本来なら学校生活を送るなかで、自然と育まれるものばかりです。

学校に行けるようになってほしいと、不登校になった子どもたちに対して私がそう思うのは、このためです。

ただ、学校で学ぶことを、子どもたちを評価しランクづけするツールとしたら、どうなるでしょう。試験で競わせるのは、能力を数値化し、人をランクづけしやすくするためです。本来試験は、競うためのものではなく、自分がどれだけ学習内容を理解し習得できたかを計るためのものであるはずです。人の能力を数値化することは容易ではありませんし、できないものもあります。ですから、入学試験などで評価できる能力は、人が持つすべての知性の中の限られたものだけになります。

もちろん、それらの試験でよい成績をとるということも立派な能力の一つです。世の中には、そのような能力が求められる場面も少なくないでしょう。それらに長けた人材も当然必要とされます。ただ、くり返しになりますが、それは本来人が持つ才能のごく一部でしかありません。

学校を競争させられランクづけされる場と受け止めていると、そのことをつい見失いがちになってしまいます。そのため、多くの人が安易に自分の能力の限界を感じてしまうことになります。

私は、義務教育を人類がつくった制度のなかで、最も素晴らしいものだと思っています。学ぶ機会を得ることにより、多くの人が可能性を広げられること。そして、自分の新たな能力を知り、それを伸ばすことができるからです。

ただ、人との比較、評価をもとに人の能力をはかることで、自分に能力がないと思い込む人が出てきます。その結果、多くの人が、本来持っていた才能を封印させられてしまいます。そのように自信を奪われた状態で生き続けることは、とても残念なことであり、つらいことです。教育機関の一部のありようについて、私はここを危惧しています。

また、登校していたときは勉強が好きであった子も、不登校や落ち着いて授業を受けられない状態が長く続いた場合、授業についていけなくなることがあります。それが理由で、学校に対してさらに敷居の高さを感じてしまい、再登校できないでいる子もいます。

たとえ学校に通えていたとしても、授業がまったく理解できないということもあります。授業中、先生がなにを言っているのか理解さえできない。毎日、そんな状態で硬くて冷たいイスに座り、黙って話を聞いている。それはつらいことでしょう。

自分を抑えられなくなり、動きだしたり、授業を妨害したり。それもできず、ずっと机に伏したままの子もいます。いずれの場合も、子どもたちは苦しい気持ちで過ごしているはずです。

そんな子どもたちは学校に通いながらも、不登校の子と同じなにかを抱えているのかも知れません。家庭が居場所となりえないと思っているから、不登校という選択ができず、学校に身を置いている。もしかしたらそんな状況なのかも知れません。

学校での勉強がまったく理解できないという理由で、私どもが関わらせていただいている子がいます。勉強について、本人も周りも、何年間もあきらめている状態が続いている子どもたちです。

私はすべての子に、その子に合った楽しく感じられる学びと学び方があるという前提でいます。一人一人にとって最適な学び方。私どもの教室が、学習面で一番重きを置くテーマです。

私は学校の教壇に立たせていただくこともありますが、限界を感じることが多々あります。学校の先生方は、さまざまな制約の中、本当に一所懸命、精いっぱい仕事に向き合われている方がとても多いです。そうであっても、多くの生徒に同時に同じ内容を伝えなければならない条件の下では、一人一人に最適な学習方法を模索実践し続けることは難しいでしょう。

生徒全員に同じ方法で教えた後は、習熟度や理解度を数値化し、優劣をつけて終わり。そうならざるを得ない面もあるでしょう。

お子さんが、仮にテストにより評価されることが苦手であっても、決して才能が低いと受け止めないことです。学校には、そうしなければならない事情があるだけです。その評価は、決してその子の能力や人としての価値を表しているものではありません。

『寺子屋ありがとう』には、なにか問題があるからというわけではなく、うちで勉強したいからと通ってくれている生徒が半数以上います。

学習面での成果を理由に『寺子屋ありがとう』を選んでくださっています。

また、不登校期を経て再登校をした場合、ほとんどの生徒が不登校になる前より成績が上がっています。

不登校になる前は、とても合格できると思えなかった学校に進学したケースも少なくありません。

勉強の成績を上げることは、人の能力のごく一部を使えばいいわけです。決して難しいことではありません。

『寺子屋ありがとう』で学力が上がる理由は、生徒が比較したり競うことで得られる評価のために学んでいるのではないからです。

まったく別次元の想いを、動機づけの源泉にしているからです。

詳しくは後述しますが、学ぶ理由が彼ら一人一人のなかでとても明確です。

その人が本来持っている力を出すために大切なこと

・自分をダメだと思う気持ちを手放すこと
・学ぶことの楽しさを思い出すこと
・穏やかな気持ちで学ぶこと
・学ぶ目的の明確化

『寺子屋ありがとう』の学習成果の理由は、この四つです。

そのために私どもができることは、

その子が学ぶことを楽しく感じられる、一人一人に最適な方法を見いだすこと。
そのために必要なことを考え、実践し続けること。
それだけです。

5 卒業生全員再登校の理由

本書のサブタイトルにもなっている「卒業生全員再登校の理由」。

いままで不登校になって『寺子屋ありがとう』に通い、卒業していった生徒たちは、全員が再登校しています。

先に書いたとおり、本来、学校教育は素晴らしいものだと思っています。できるなら、また学校で学んでほしい。そこで自分の才能に気づき、可能性を広げてほしい。そして、一人一人を苦しめている、この国を覆った生き苦しさを変えてほしい。心からそう思っています。

逆にいえば、いまの世の中を覆っている苦しさを含め、すべてを受け容れる器を持って社会に関わる。そのくらいでなければ、いまの世の中を変えることなど、到底できないでしょう。

せっかく不登校になるくらい苦しんだのですから。苦しさを感じ取る感性と、それを見据える勇気と力を持っているのですから。いずれその力を発揮してほしいと願いながら、生徒たちと関わっています。

ただ、私どもは決して再登校を目指して子どもたちと関っているわけではありません。再登校はあくまで、その子と周りの大人が立ち上がり、変容するまでの過程であり、結果です。

現在はまだお子さんに会うことさえできず、親御さんとの面談だけというケースもあります。

一度再登校したり、うちの教室に通ってくれていたのに、再び動けなくなった子もいます。

私個人や教室の方針、考え方が合わないということで、途中で教室を離れるケースもありました。

もちろん、いまも教室で必死に立ち上がろうとがんばっている子もいます。

そうであっても、いま一所懸命つらさに向き合っているのならば、彼らや彼女らも、いつか必ず立ち上がります。

当然、私どもとはまったく異なる方針や環境において、立ち上がることができたお子さんも大勢いらっしゃるでしょう。決して私どもの方針、うちの教室でなければと主張するものではありません。逆に、そうであっては困ります。

再登校するために、なにか特別なノウハウがあるわけではありません。

再登校に必要なことは、自分に向き合い登校に対するつらい気持ちを味わい浄化することです。

そのために、まず第一にあせらないこと。そして、自分を責めないことです。そのために必要なことは、いまの社会に沿った生き方をしなければならないという価値観を手放すことです。

あせらない、自分を責めない、価値観を手放す。これは誰が行うことなのでしょうか。子どもたちの力だけでこれをやるには、とても時間がかかります。

人は身近にいる人から大きな影響を受けます。学校に行けない子どもたちであれば、親御さんということが多いでしょう。

再登校にかぎらず、子どもたちが立ち上がるのに必要なことの一つが、親御さんの当事者意識です。

くり返しになりますが、親御さんの当事者意識とは、親御さんがご自分を責めることではありません。ここでいう当事者意識とは、子どもたちに対し、大人として本来の役割を果たすことです。まずは、大人が穏やかな感情を取り戻すことです。それができてはじめて、子どもたちも自分を否定しなくてすむようになります。

誰かに与えられた、誰かに都合のよい価値観をもとに自分自身を低く評価しないことです。多数決や見た目のできるできないなど、安易な基準をもとに、親御さんご自身やお子さんを、肯定も否定もしないことです。

非行、問題行動については、どなたかに迷惑をかけていることもあるでしょう。やっていることについては、決してよしとはできません。すぐに抑えなければ、やめさせなければならないこともあります。

また、不登校についても、いつまでもそのままの状態でいいとは決して思っていません。

ただ、子どもたちは、それらのありようを通してなにかを訴えようとしています。

その子は頭で考えてではなく、心で感じて自分でもなぜか分からないまま、体が反応してそのようになっているのです。

なにかに対して違和感を持つことができる。そんな豊かな感性を持ち、そしてそのつらさを勇気をもって表現している。まずは、お子さんをそのように育ててこられたことを、誇りに思われてはいかがでしょうか。

そして、お子さんのありようを変えることではなく、お子さんがなにをつらく感じているのか、なにを訴えているのか、そこに意識を向けてみてください。わかろうとしてあげてください。その時はじめて親御さんの想いは必ずお子さんに届きます。

変えようとせず、わかろうとしてくれる態度に接すると、お子さんの心の中には、必ず安心感や感謝の気持ちが湧き上がります。そしてなにより、親御さんご自身も楽になれます。人は、人を変えようとするときに苦しさを感じるからです。

人を変えようとしないというのは、わかろうとすることです。親御さんがそんな接し方ができたら、親御さんが楽な気持ちになれます。

親御さんの気持ちが楽になる。それこそが、子どもたちがなにより望んでいたことです。子どもたちが一番安心することです。

親御さんにはプレッシャーを感じさせてしまうかも知れませんが、よくも悪くも、子どもたちの様子に変化があったとき、必ず親御さんにも変化が訪れています。

子どもたちにとって一番の願いは、親御さんに幸せになってもらうことだからです。そのために、なにかをずっと訴え続けてきたのです。そのメッセージの届けかたこそが不登校であり、問題行動という、世間ではマイナスと受け止められやすい状態です。

子どもたちは、無条件で受け容れてほしいと思っています。でも、子どもたち自身が無条件の〝無〟という状態がどういうことなのか理解できていないことが少なくありません。いつもなにか条件があってはじめて自分が認められると思い込んでいるからです。

それで、わかりやすいように、頭で考えてではなく心で感じるまま、〝無〟でなく、世間一般で言うマイナスの状態になっているだけです。

そのメッセージを受け取ったとしっかり伝えられたら、もうその子はなにも訴える必要がなくなります。そのときこそ、必ずその子の心にエネルギーが注がれはじめます。エネルギーがやがてある量に達したとき、子どもたちは間違いなく立ち上がります。

この過程を、教室を立ち上げてからずっと見てきました。『寺子屋ありがとう』を卒業した生徒一人一人から、私が教えてもらったことです。

『寺子屋ありがとう』では、再登校までにすべての生徒、そして親御さんがこの過程を経ています。

「卒業生全員再登校」という言葉が意味するもの。それは、子どもたちは本当はまた学校に行きたいと思っているということです。そして不登校という状態から、必ず変われるということです。決してそれは難しいことでも、特別な人だけができることでもありません。私どもの教室が、なにか特別な手法を用いているわけでも、力を与えているわけでもありません。

ただ、子どもたち自身の中にある力を発揮するための条件があるだけです。

それは、まず周りにいる大人が気づくことです。気づくべきことは、不登校になること自体は、弱いことでも悪いことでもないということ。非行、問題行動についても、やっていることはともかく、やっていることを通してなにかを訴えているということ。多くの子どもたちが感じることができなかったり、感じないふりをしていた違和感を、素直に受け止める豊かな感性とそこに向き合う勇気を持っているということ。そのことに気づくことがまず第一歩です。

私どもの教室ができることは、親御さんがそのことに気づくための手伝いだけです。私どもの教室に預ければ、それだけで大丈夫ということは決してありません。

お子さんが立ち上がるためには、親御さんは大きな変容を求められます。その過程で、お子さんではなく親御さんに寄り添わせていただくことも『寺子屋ありがとう』の大切な仕事です。

子どもたちとの関わりよりも、親御さんとの関わりのほうがウエイトは大きくなります。それは、子どもたちだけに気づくこと、変わることを求めても、なんの意味もないことだからです。

第八章
目標と目的

1 欲求階層

マズローの欲求階層論で知られる米国の心理学者アブラハム・マズロー氏は、「人は自己実現に向かい成長し続ける」という仮定のもと、生きるために必要なものを、外に求める欠乏欲求、自身の可能性をさまざまなかたちで外に表現しようとする成長欲求の二つに大別し、6階層で表しました。

一、生理的欲求：生きるための欲求
二、安全欲求：安全、安定を求める欲求
三、親和欲求：良好な人間関係、他者からの受けいれられ感、集団に所属することを求める欲求
四、承認の欲求：自分が周りから価値があると認められ、尊重されたいという欲求
五、自己実現欲求：潜在的なものも含め自身の持つ能力を最大限発揮し、人生に定めた究極の目標を実現したいという欲求

また、晩年、この5階層には収まらない第6の欲求、「超自我欲求」があると発表しました。このうち1～4階層の安全欲求から承認欲求までを欠乏欲求、5、6階層の自己実現欲求、超自我欲求を成長欲求としています。

欠乏欲求は、ある程度満たされるとその欲求は弱くなります。逆に成長欲求は、一度満たされるとさら

に強く求めるようになります。また、成長欲求にいたることができる人は、ごくわずかだとしています。

なぜ、成長欲求には、わずかな人だけが到達できるのか。私の勝手な解釈ですが、親和欲求や承認欲求について、多くの人が誤解しているからです。

どこかに属することや、なにかで評価されることによって欲求が満たされる。私は社会全体がそう思い込んでしまっているような気がします。

親和欲求が満たされた状態とは、良好な人間関係を築き、どこかに所属できている状態とされますが、親和欲求は欠乏欲求なので、それが満たされる過程で欲求は弱くなりやがて求めなくなるはずです。つまり、一人でいても大丈夫という状態こそが、親和欲求の満たされた状態です。

ところが、群れている人は、いつまでもその場から離れられないことがあります。つまり、人間関係を築き、どこかに所属できているといっても、群れているだけでは親和欲求を満たすことはできないのです。

また、人が求めている承認とはどのようなものなのでしょうか。十分に社会的に評価され、それにともなってなにかを得ていたとしても、不安そうになにかを求め続ける人もいます。社会的に評価されたとしても、かならずやこの欲求が満たされるということはないといえるでしょう。

自己肯定感という言葉があります。明確には定義されていないようですが、特別な根拠理由などなくても自分を好きでいられる、よしとできる。自己肯定感が高いとは、そんな心のありようと、私は理解しています。

自信とよく混同されて使われている言葉です。自信との違いは、自分をよしと思える根拠があるかないかです。なんの理由がなくても、自分をよしと思えることが自己肯定感の高い状態です。

そのままの自分でよしと思えたら、誰かと一緒に居続ける必要も、なにかの評価を得る必要もありません。親和欲求、承認欲求が満たされた状態とは、この自己肯定感が高くなった状態であるはずです。群れたり、評価されることがなくとも心穏やかに過ごせる状態です。

人が、あるがままの自分でよしとはじめて思えるのは、生まれて間もないころ、周りにいる人たちから喜んでもらえたときでしょう。

夜遅く泣けばオッパイを飲ませてもらったり、オムツを替えてもらったり。

外に出れば見ず知らずの大人が「かわいいですね」と声をかけてくれたり、微笑んでくれたり。

そんな出来事が、自分がここにいるだけで、誰かに喜んでもらっていると思わせてくれます。

ところが、ある程度年齢を重ねるにつれて、同様の経験をする機会は少なくなってきます。学校に入るころには、その子が幸せになるための条件だからという理由で、大人はいろんなことを子どもに求めるようになります。それに応えてくれたときは喜び、そうでないときは落胆してしまう。そんなことはなかったでしょうか。

子どもたちは、親に喜んでもらおうと精いっぱいがんばります。そのためには、親御さんの価値観に自分を合わせようとします。

お子さんのあるがままを受け容れてあげてください。そうアドバイスを受けたことがある方も多いことと思います。実は、子どもたちは親御さんの想いを、ずっと前から、生まれたときからそのまま受け止め、受け容れようとしてきていた。そんなことはないでしょうか。

人がほめられてうれしく感じるのは、ほめている人が喜んでいるから。人はほめられたいのではなく喜んでほしい、それだけです。

ほめられた時しか喜んでもらえないという前提ができるとほめられることだけを求めるようになります。自分ではなく誰かの価値観に沿おうとします

それはとても辛いことです。

そして、いつの間にかその子は、そのままの自分でよしと思えなくなります。自分に価値があると思うためには、いつもなんらかの根拠を求めるようになります。それがかなううちはいいのですが、かなわないと悟った瞬間、自信を失い、自分をダメな人間だと思ってしまいます。そしてそのとおりの、世間では

マイナスと思われる状態になってしまう。大なり小なり、多くの大人もこのような経験をしているのではないでしょうか。

いま、あるがままの自分でよしと思える人は、どん底の状態に落ち入った時に、しっかり受け止め、寄り添うようにわかろうと接してくれた方がいたのではないでしょうか。どんなときでも笑顔で接してくれた人がいたからではないでしょうか。そんな人との出会いや、つながりこそが、承認欲求を満たしてくれるものです。

あるがままの、世間の価値観からいえばマイナスであっても、あなたでよしという接し方をしてもらえることこそが、本来人が求めている承認のはずです。だからこそ、学校や会社に通っていても、常に誰かと一緒にいられたとしても、親和欲求・承認欲求が満たされていない状態の人が少なくないのです。

この二つの欲求が満たされていないとき、人は一人になることを過度に恐れます。誰かをターゲットにしてイジメたり排除しようとするのは、一人になることを恐れるからです。自分がその群れから排除されないためです。これは、子どもだけでなく多くの大人にも言えることです。

日本の社会全体が親和欲求や承認欲求を求め、まったく別の方向に向かってさまよい続けている。私にはそうとしか見えません。

他者から与えられた共通の価値観のなかで一所懸命に評価されようとすること。これが、誰かとつながることができ、誰かに認めてもらえる親和欲求、承認欲求を満たす唯一の方法だと思い込んでいるように見えます。

欠乏欲求はある程度満たされるにしたがって、その欲求は弱くなります。したがって、親和欲求や承認欲求も満たされるにつれて、一緒にいてほしい、評価してほしいという想いは消えていきます。

先に書いたように、しがみついていなければならない場所なら、それは居場所ではありません。その場では親和欲求や承認欲求がいつまでも満たされることがないからです。自己肯定感は育まれないからです。

この観点からすると、日本の学校に通っている多くの子どもたち。彼らはどこまで満たされているのでしょうか。

たとえば、勉強する動機づけというものは、こうした欲求階層のどこに根ざしたものでしょうか。最低でも高校ぐらい、あるいは大学くらい出ていなければ。大きな会社、安定した職業でなければ将来が不安だ。

そんなことは決してないはずですが、自分が安心して生きるためといった気持ちだけで進学、就職のために勉強をしているのなら、それは生理的欲求や安全欲求を満たそうという段階です。

また、こんな学校や会社に入れてすごいね。そう評価されたいがために努力しているのなら、決して満たされることのない、自己肯定感の向上をともなわない形で、承認欲求を満たそうとしている状態です。

反面、学校に行けなくなった子どもたちの欲求は、どこの段階まで満たされているのでしょうか。不登校になったばかりのころ

「学校に行かないなら家を出て行け！」

そう言って、親御さんが学校に必死に行かせようとするケースがあります。

そうでなかったとしても、親に見捨てられるのではないか？　このままでは、大人になってからも社会で通用しないのではないか。生きていけないのではないか。そんな不安な気持ちになるのだと、多くの子どもたちから聞かせてもらいました。

自己実現、承認、親和どころか、「この先、自分はどうなるのか」と命の危機さえ感じている状態です。この状態では生理的欲求も満たされていません。

やがて親御さんは気づかれます。お子さんは学校に行かないのではなく、行けないのだということに。どんなに力ずくで学校に行かせようとしても、いまの心と体の状態では無理だということに気づきます。はじめはあきらめ交じりの気持ちだったものが、次第に受け容れられるようになります。無理解な世間の目、無責任な意見や評論からこの子を守ろう、私が防波堤になろう。親御さんにそんな覚悟ができると、その子の心にはエネルギーが注がれはじめます。家庭が本当の居場所になるからです。そして、変えようとされないとき、わかろうとしてもらうとき、その人の意識は自分自身の内面に向かうからです。自分に向き合う、感情を味わいなおすことで苦しさは少しずつ消え、心のエネルギーは注がれはじめます。

世間の一般常識、見た目のできるできない、多数決……。

それらの基準でいえば、学校に行けないという状況は、マイナスの状態なのかもしれません。そんな時にこそ、この子だから大切なんだ。そんな気持ちを思い出し、お子さんに向き合うこと。これこそが親子の親和関係が築かれた状態です。わが子をわが子だからと、それ以外の理由は一切なしで、なによりも大切な存在だと思い出すこと。それこそが承認することです。

そんな親御さんのお子さんに対する接し方が、やがてその子の親和欲求や承認欲求を満たしてくれます。

親和欲求や承認欲求が十分に満たされると、マズロー博士が言われるとおり、意識は一気に自己実現に向かいます。その子はある日突然立ち上がり、火がついたように勉強を始めます。この時同時に、再登校する子も少なくありません。その姿を見るたびに私は、

「親和欲求、承認欲求が満たされたんだな」

と、この欲求階層論を思い出します。

世間的にはマイナスと受けとられがちな状況にある自分を、無条件で受け容れてもらえたという体験が、なにかを悟らせるのでしょう。人から共感してもらい、無条件で受け容れてもらった経験のある人は、苦しんでいる人に対して同じように接することができます。絶望の淵から立ち上がり、自分の可能性を感じた時、将来に一筋の光明が見えた瞬間。あのつらかった経験が意味したものはなんだったのか。世の中と

自分がどう関わればいいのか。そんな崇高な意識が芽生えるようです。これがマズロー博士の言われる自己実現欲求につながります。

自身が社会の一員としての役割を果たすための進学、そのための受験、そのための勉強。そんな認識をもって学習を再開します。

秋を過ぎ、受験シーズンが迫るころになると、『寺子屋ありがとう』の生徒も増え、補習も十分にできない状態になります。その頃、毎年のように受験生から、

「深夜の1時、2時からでもいいから勉強を見てほしい」

という要望を受けます。

「昼夜逆転は得意だから、大丈夫」

そう真剣な表情で請《こ》われます。

確かに、成長欲求である自己実現欲求や成長欲求は、かなえばかなうほど、その欲求は強くなるようです。誰になにを言われることなく、自らの意志で、とことんなにかを追い求めたくなるようです。

彼らのラストスパート、がんばりこそが、自己実現を目指したもの。自分の能力を最大限に発揮し、具現化し、自分らしいかたちで社会に関わりたいという想いからなのでしょう。きっとそのときこそが、人が本来持つ、本当の力が発揮されている状態であるはずです。そんな場面に立ち会える時が、この仕事をやっていてなにより幸せに感じる瞬間です。

2 強風時、狭水道を進む船

こんな逸話があります。南国の島で若者が一日中海辺で昼寝をしていました。ある日、先進国から来たビジネスマンが尋ねました。

「君たちはくる日もくる日も、一日中寝ているようだけど働かないのかね？」

若者が逆に聞き返しました。

「あんたたちはどうしてそんなにあくせく働くの？」

「それは、年をとってから、のんびり安心して暮らすためだよ」

そう答えたビジネスマンに対して若者は、たいそう不思議そうな顔をしたそうです。

「そんなことは年を取らなくても、いまからできるのに」

これは、有名な逸話、というよりジョークなのでしょうか。この話をはじめて聞いた時、私は大きなショックを受けました。

私は『寺子屋ありがとう』を立ち上げる前、船員として働いていました。そのとき思っていたことです。

船は狭い水路を直進するとき、灯台などを目印や目標にして進みます。ただし、路面とタイヤがしっかりグリップしている自動車とことなり、船は航海中に横から風を受けると、直進しているつもりでも簡単に風下に流されてしまいます（イラストA参照）。

このイラストのように一つの目標を定めて直進しているとき、人は目標に向かって一直線に順調に進んでいるように思い込みがちです。しかし、実際は針路から外れ、風下に流されていることがあります。いつまでも気づかずにいると、陸地に異常接近したり、座礁したりすることになります。

これこそが、一つのことにとらわれ過ぎた、自分の立っている位置を見失った、こんな夢を目指さなけ

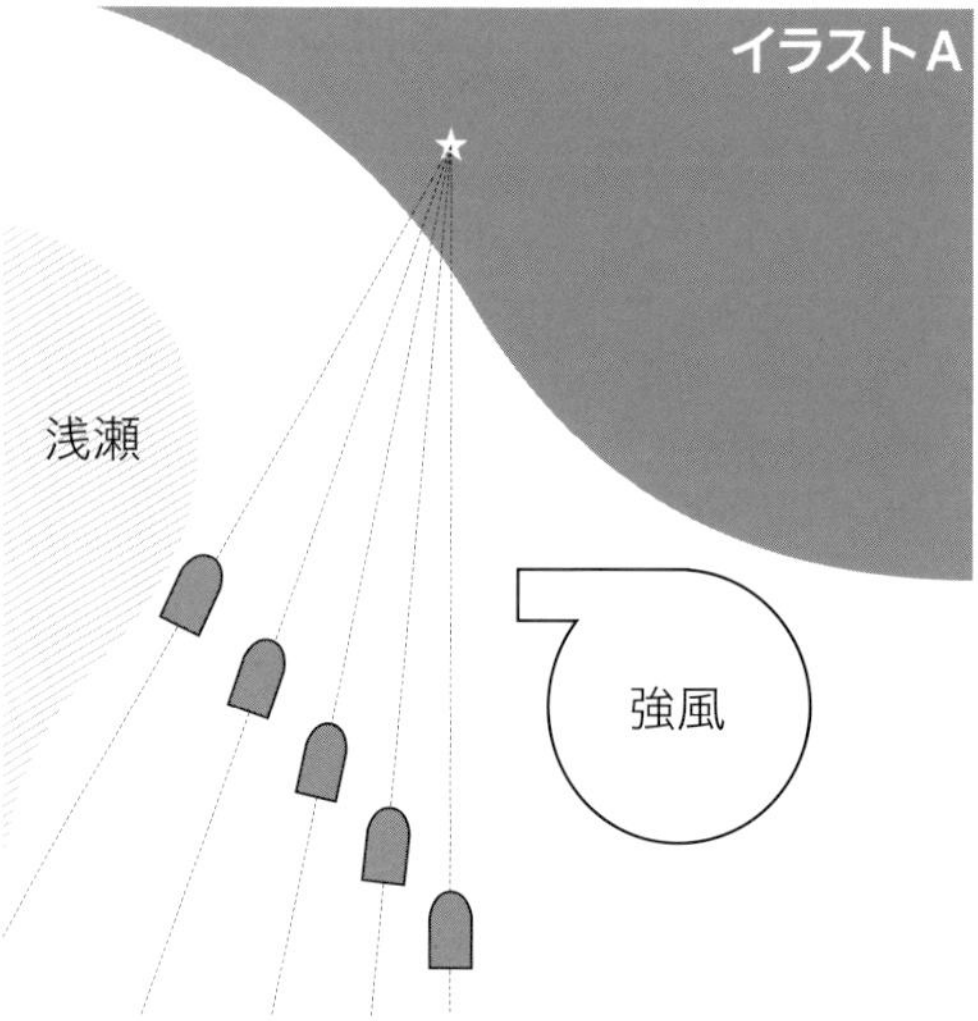

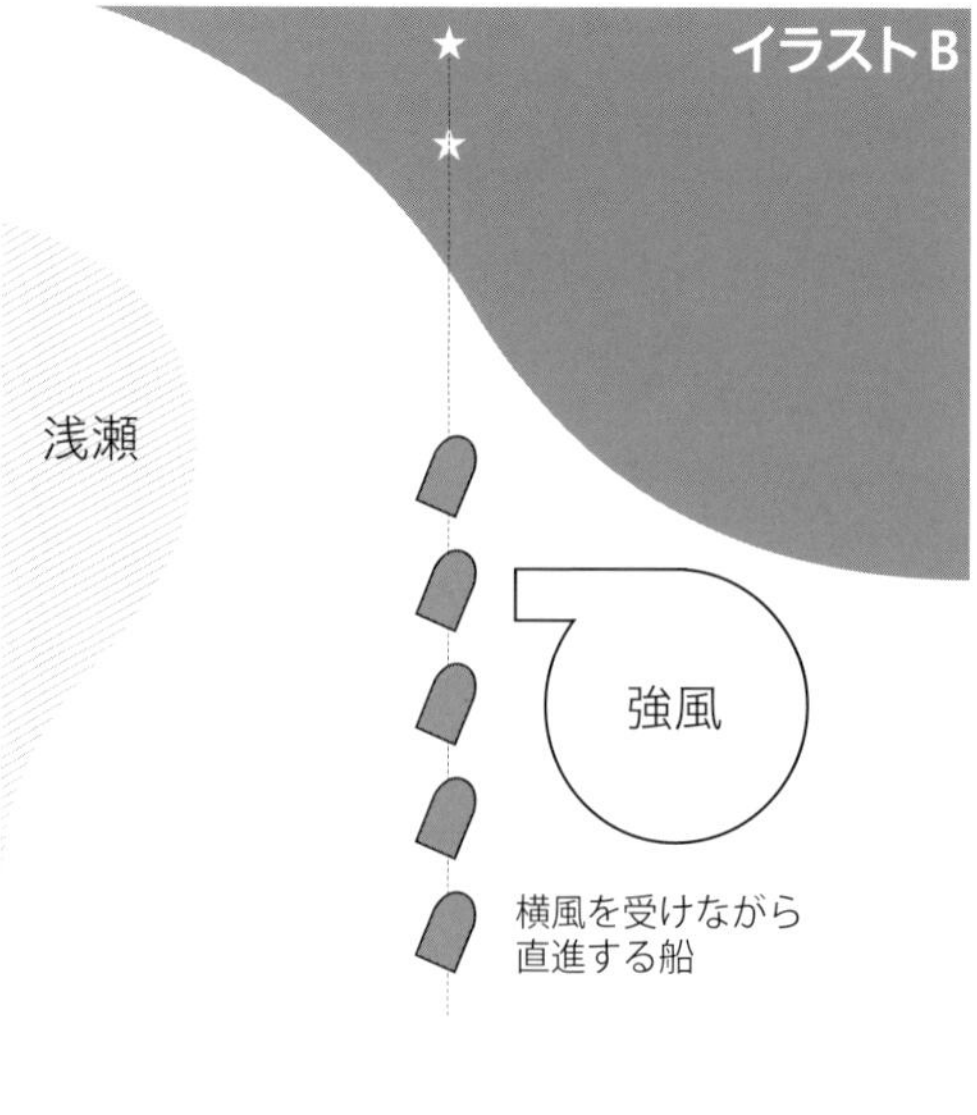

ればよかった……という状況です。

実際に船を左右にぶれることなく直進させるためには、目指していた目標の先にもう一つ目印を定めて、この二つの目標を一直線上に重ね見るようにして進みます（イラストB）。

こうすることによって、船は風下に流されまいと、少しだけ船首を風上に向けて進みます。その結果、二つの目標を重ね見る線上を、ぶれることなく直進できます。

ここでいう手前にある目標とは、多くの方が、日々一生懸命追いかけているもの。進学、学歴、就職先、役職、蓄え、権限。なにかを所有すること、誰かから評価されることと置き換えてもいいかもしれません。人はどうしてこれらを望むのでしょう？ そして、その先にあるもう一つの目標。手前の目標と常に一緒に見据えておかなければならないもの。それは、いったいなにを意味するのでしょう？

いまから約一万年前、農業がはじまったと言われています。それまでの狩猟採集の生活から、農耕でも食料を得ることができるようになりました。

狩猟採集の時代は、猟がうまくいけば生活が豊かになったでしょう。反面、獲物が取れない日が続けば、飢餓の状態になります。

農業がはじまるまで、ほかの野生動物と同様、人間の死因も一番は餓死であったでしょう。いま、私がこうして生きていられるのも、農業というシステムがあるからこそかも知れません。

農業によって、人類は保存できる作物を得ることができるようになりました。今日の食べ物に困るということは大幅に減ったことでしょう。

それと同時に、農業によって、人類は所有という概念を持つようにもなりました。所有という概念が生じたとき、それを失ってしまった状態を頭のなかで描いてしまいます。

一年分の食料を手に入れた時、いまから一年間の安心より、一年後の不安に意識がいきがちです。所有と対をなすもの、つまり欠乏感が芽生えます。

多くの富裕層と呼ばれる人達の姿を見ると、人は持てば持つほど、この欠乏感にさいなまれやすくなるようです。この欠乏感は、今、目の前にある幸せに気づくことなしに、さらになにかを所有することだけでは満たされないからです。

欠乏感を満たすために、所有するものは、さらなる所有を目指し続けます。

農業が始まる前にも、食べ物の奪い合いなど、小競り合いはあったでしょう。所有という概念が生まれてから、さらなる所有を目指し、農地を得るために、あるいはすでにある収穫物を奪うために、大規模な戦争がはじまりました。

また、さらに広い農地、より安定した収穫を得るために、森林開発、灌漑《かんがい》など本格的な環境破壊がはじまったのも、農業がはじまってからといわれています。

一方、狩猟採集の時代は、獲物を得るために、得た食物を無駄にしないために、自然と周りの人たちと助け合う、分かち合うという気持ちを持っていたはずです。人類はこの世に誕生してから農業がはじまるまで、ずっとそんな気持ちで生きてきたのではないでしょうか。人類最古の遺跡には人同士が争った形跡はないといいます。

ＤＮＡの権威である村上和雄氏も、自身の著書の中で、「自分のため」という利己よりも、「人のためにも」という利他の働き、やさしくお人よしの心こそが、私たち人間のＤＮＡにより深く刻み込まれていてもなんの不思議もないはず（『アホは神の望み』村上和雄著　サンマーク出版）と記しています。

人の本質にあるものは、こうした分かち合い、助け合いの心ではないでしょうか。

「人にとって一番うれしく感じることは、人に喜ばれること、人から必要とされていると感じられること」これは、子どもたちが見せてくれている生きざまであり、私が自分の経験から思うこと、いま感じていることです。

多くの人は、努力すること、がんばることで、先々には幸せになれると思い込んでいます。しかし、幸せになるために努力しているつもりが、かえって目の前にある大きな多くの幸せを失わせてしまっている。そんなことはないでしょうか。ただやみくもにがんばり続けること、努力し続けること、それは本当に正しいことなのでしょうか。

人は楽しいことをしているとき、決して「努力している」とか「がんばる」とは言いません。また、楽しいときには、人に親切にしたり、笑顔で相手に向き合ったりと、周りの人とも楽しい気持ちを分かち合いたくなるものです。

反面、苦しみもがきながらがんばっている人は、がんばらない人、がんばれない人を裁き、変えようとします。「どうしてあなたはやらないのか」と責めます。

大切なことを見失い、気持ちがいっぱいになり、冷静に物事を考えられなくなった状態です。

教室の生徒たちが生き生きと学ぶ姿を見て、私が思うことです。

人が本来の力を最大限発揮できるための条件は、穏やかな気持ちで周りの人を思いやり、分かち合い助け合うことを目的として、なにかを目指している時ではないでしょうか。

私にも、なんの意義を見いだせないまま必死に努力していた時がありました。そんな時は、なんらかの力がはたらいて、あえて自分の能力を封印させていたような気がします。前職を続けられないような病気になったことも、私の心が私の力を抑えようとし続けた結果だと受け止めています。

苦しんでいる人は、自分と同じ価値観を立場の弱い者にも刷り込もうとし、人を変えようとします。

そのとき、人を変えようとするほうも、変えようとされる側も苦しみます。がんばればがんばるほど、苦しくなります。

そんな状態で、いつまでも力を出し続けることなどできるはずがありません。

人の本質とは異なるありよう。それは、人が本来望んでいた形ではないはずです。比較や評価のための努力を強いることでは、誰も幸せな気持ちにはなれません。人が本来望んでいることと、まったく逆のことをしている。それこそが私が思う、いまの社会で起きている諸問題の根本原因です。

目標を持ちそれに向かって一所懸命がんばることは素晴らしいことでしょう。人は明確な目標を持つことで、力を発揮したり、充実感を得ることができます。

ただそこには、自分以外の誰かや社会的な価値観を刷り込まれることなしに。比較や評価という概念を持ち込むこともなく。人それぞれが自分に一番合った目標を、それぞれのかたちで持つことができたらという条件がつきます。

目先の目標の先にある目的とは、穏やかな気持ちで幸せに毎日を過ごすことです。人にとって、それより大切なものはあるのでしょうか？ これこそが、手前にある目標を目指している理由、目的であるはずです。

目標のために、大切な目的を見失ってはいけません。

3 よかったこと、そしてその理由

人の本質は、分かち合い、助け合い。そうは言っても、いまの社会において毎日そんな気持ちで生活することは、とても難しいことなのかも知れません。そんなとき、どうしたら本来の気持ちを取り戻すことができるでしょう。最後に、ある方法を紹介させていただきます。

人はついつい、心配なこと、失敗したことに意識がいってしまいがちです。危険なことを事前に察知するために。二度と同じ過ちをくり返さないために。心配すること、反省すること、それは人が生きていくうえで、大切なことなのでしょう。ただ、この心配が過ぎると、せっかくのチャンスを見過ごしたり、自信を失ったままになります。

本書の冒頭で紹介した、GOOD & NEW（最近あったよかったこと）。そして「今日楽しみなこと」「今日うれしかったこと、楽しかったこと」を思い出すこと。これらは、生きていくなかで心配なことや失敗だけではなく、よいこともあるということに気づくための、思い出すためのものです。たとえ、つらいことがあったとしても、人生は素晴らしいものだという、前提を持つためのものです。

このGOOD & NEWをさらに発展させて、そのよかったことの理由原因はなにかということを、どんどん考えてみてください。

私のGOOD & NEW、最近あったよかったことは、みなさまにこの本を読んでいただいたことです。

ここまで読んでいただき、本当にありがとうございました。

では、このよかったこととは、なにが原因だったのでしょう？

「どんな理由があったから？」

「それはもちろん、本を読んでいただけたのは、本を出版したからです」

「では出版できた理由は？」

「出版者の方が出版を認めてくださったから。企画書の書き方をていねいに教えていただいたから。背中を押してくださった方々がいらっしゃったからです」

「ではどうしてそんな方と出会えたのか？」

「それは、いまの仕事をしているからです」

「どうしていまの仕事を？」

「メニエル症を患って前職を続けられなくなったからです」

私にも多くのGOOD & NEWがあります。毎日、毎日、思い浮かべています。そして、思い浮かぶよかったことの原因をどんどんさかのぼると、ほとんどがこの病気につながります。

体を壊し、仕事を続けられないと思ったとき、とてもつらく感じました。なんで自分だけと、バカバカしく腹立たしく、惨めなような哀れなような、そんな気持ちになりました。

そのことを認められず悲しい気持ちを抑え込み、怒りに置きかえていました。

それが今は、あの病があったからこそと思えています。本当に短い期間の中での変化でした。

私が短期間で変われたのはきっと教室を立ち上げ、通ってくれていた生徒たちの変化を間近で見させてもらったからです。

親御さん、子ども達の姿に過去の自分の姿を見ていたのだと思います。

その時自分の中の惨めさ、悲しさ、苦しさ、そんな気持ちを感じ、少しずつ消すことができたこと。そして、私自身を喜んでくれる人がいる。こんな自分でも生きている意味がある。そんなふうに思えるようになったから。

そう思っています。

気がつけば、いつの間にかメニエル症の症状は、一切、出なくなっていました。期間にして数カ月です。長年苦しんでいて、どんなに大きな病院で診てもらっても決して治らなかった症状が、なにもせずに消えた。そのことに気づいたとき、信じられない思いでした。

船に乗るくらいしか能のない人間が体を壊し、船にも乗れなくなった。なんの意味もない存在。自分のことをそう思っていました。

自分ではなにもしていないのに、なにもできないのに。

無条件、ではなく世間の価値観でいえばマイナスの状態であった私は、多くの人に支えてもらっていました。自分自身がなんらかの努力をしたわけではありません。いつしか、あの病気の意味が私のなかで大きく変わっていました。気づかせてくださった方々にありがたさを感じました。

そして、自分がただこの世にいることを喜んでくれる人がいる。そう思えた瞬間がありました。その時、自分に対して少しだけ自信が持てた気がします。

感謝と自信。この感情にひたっているとき、誰かほかの人にも喜んでもらいたい。そんな気持ちになるようです。この仕事を精いっぱいやらせてもらいたい。いまはそんな気持ちでいます。

この最近あったよかったこと、その背景を考えるワークは、私の恩師、望月俊孝先生を講演でお招きした際、お話ししてくださったことです。望月先生は、夢をかなえるツール「宝地図」を考案された方です。いまから10年以上前。まさに、私ががんばりつつも苦しんでいた頃からお世話になっていました。夢を持つこと、そしてそれを目指すことの素晴らしさと、それにとらわれることの危うさ。そんなことをお会いするたびにいつも問いかけ続けていただきました。

本書を書いていて、先生からはどれだけ多くのことを教わっていたか、改めて感じた次第です。先生からご快諾をいただきましたので、ご紹介させていただきました。

あとがき

不登校、非行、問題行動をくり返す状態を克服して、『寺子屋ありがとう』を卒業するときに、生徒と親御さんが必ず言ってくださる言葉があります。

「不登校になって（非行にはしってくれて）よかった」

初めてこの言葉を聞いたとき、一瞬、私は耳を疑いました。心から発している言葉であることは伝わってくるのですが、なかなかその言葉の意味が理解できませんでした。

「どうしたらいいのかわからなかったときは本当につらかった。地獄のような毎日だった。でも、いま振り返ると、この子の不登校（非行・問題行動）がなかったら、大切なことに気づけないままだった」

そんなふうに、その言葉の意味を話してくださいます。

そんなとき、親御さんからもお子さんからも、とてもキラキラと輝くものを感じます。不登校になる前より、非行、問題行動にはしる前より、間違いなく、いまのほうがずっと穏やかな気持ちで毎日を過ごされているのでしょう。

また、こんなことをいってくれる子もいます。

「僕（私）は、不登校（非行、問題行動）でつらい気持ちを伝えられたけど、教室にはそれができない子もいるんです。自分が苦しんでいることに気づけない子もいます。そんな子どもたちがいることも忘れないでください。助けてあげてください」

涙を流しながら訴えてくれる子もいます。その子がいう救ってあげてほしい子こそが、自分が不登校になったきっかけである、イジメをした当事者ということもありました。

私はそんなとき、その子にお願いします。

「その子を助けるのは私じゃない、いままで苦しんできて、それを乗り越えられたあなただけができること。いまのあなたならできるし、あなたでなければできないこと」

そんな言葉をかけると一瞬たじろきながらも、なにかに気づいたかのようにうなずいてくれます。とても頼もしく、すがすがしい表情です。

再登校の日の朝、クラスメイトは、その子にどう接したらいいかわからないまま、その日を迎えるのでしょう。再登校する子にとっても、久しぶりの学校。どんな顔で教室に入ったらいいのかわからないはずです。

極度の緊張と不安。押しつぶされそうな気持ち。顔もいくぶん青ざめていることと思います。

でも、その子にはすでに強さが備わっています。その強さは、自分を傷つけようとする者をねじ伏せるためのものではありません。

「自分が学校に来られなくなったのは自分が弱かったからではない。苦しかったのは自分だけではなかった。みんな苦しんでいるけど、それに気づけない。そこに向き合えないくらいつらくて苦しんでいる。だから人を思いやれなかったり、傷つけたりしていた」

苦しい気持ちを味わいなおして消すことができた上でそれに気づけたら、その子は自分を傷つけようとする者に対して、しっかり向き合えます。

そして、自分を待っていてくれた友だちや先生の想い、優しい気持ちをそのまま受け取ることができます。

「人を傷つけている人こそが傷ついている」

そう気づいた人のことを、人は傷つけ続けることはできません。

再登校した子の学校の先生から言われたことが何回もあります。

「あの子が戻ってからクラスが、そして学校が変わった」

人生を賭《と》して苦しさを味わい、それを受け容れて立ち上がった。きっと、そんな経験を持つ人だけが持つしなやかな強さが、その子の周りへ、そのクラスへ、学校へと伝わっていった結果です。

多くの人が当たり前のように、平気にやってのけることができない人がいます。なんらかの違和感を持ってしまい、苦しんでいます。そしてそれを、さまざまなかたちで表現しています。

そんな子どもたちが、日に日に増えているように肌で感じています。

でも、私はまったく心配していません。

現状を変えることができるのは、現状に違和感を持ち、その苦しさを表現できる人だけです。改革者、革命家と呼ばれる人たちです。世の中を変える人たちです。

おかしなことにしっかり向き合い、傷つき、苦しみながらもがいていたとき、世間的にはマイナスと言われる状況であっても誰かから無条件で受け容れてもらった。そして、その苦しみを乗り越え、しなやかな強さを身にまとい立ち上がった。そんな彼ら、彼女らこそ、これからの社会を変える力を持っている存在であり、そんな子どもたちが増えているからです。

世間一般の価値観に違和感をもち、それを表現した。表現しなければならないくらい苦しかった。そのことで、散々たたかれ、責められた。自分でも、自分のことを徹底的に責めた。

それでも、そんな自分を変えようとせず、わかろうとし続けてくれる家族や周囲の人がいた。そんな体験をした人だけができる、他者との関わり方があります。

人に共感する

人を受け容れる

そんな関わり方です。

彼らや彼女らが、それぞれに活躍する場を持ち、それぞれの役割を果たし続けるとき、社会は間違いなく変わります。そんなときこそ、私どもの教室のような場所は、誰も必要としなくなります。そんなかたちのゴール、「教室の解散」を私は心に描いています。


つらく苦しいときと、その後の大きな自身の変容を経て立ち上がった子どもたち。

そして、その姿を見守り続けた、見守り通した親御さん方。

私は、そんな方々を心から尊敬しています。

そして、私どもの教室が、そんな方々と関わらせていただけることを心からありがたく思っています。

最後に一言。

この原稿を書きはじめたときに、東日本大震災が起きました。多くの友人、知人、そしてご家族が被災しました。

震災後に現地を訪れたとき、足のすくむ思いでした。ありきたりですが、自然の力の大きさ、それを前にした人の力の小ささ、そんなことを感じました。それと同時に、そのなかで必死に生きようとする人々の姿に、人が持つ底力も感じさせてもらいました。

被災した知人に

「なにかできることはないか」

そう尋ねると、ただ一言、

「家族を大切にね」

そう言われました。当り前のように過ごせる毎日が、どれだけありがたいことか。いままでも何度となく気づく機会はあったはずですが、私は大切なことになにも気づけずにいたようです。

本書に書かれていることはすべて、生徒と親御さん、講演や講座の受講生のみなさま方から教わったこと、そして多くの方や、書籍などから学ばせていただき、気づいたことです。私一人の力では、とうていまとめられるものではありませんでした。みなさまへの感謝の気持ち、そして、一日も早い震災復興をお祈りして、ささやかですが本書の印税全額を東日本大震災復興の支援金とさせていただきます。

参考文献

○『無境界』　吉福伸逸、ケン・ウィルバー／平河出版社
○『人間性の心理学 モチベーションとパーソナリティー』　A・H マズロー／産能大出版部
○『MI：個性を生かす多重知性の理論』　ハワード・ガードナー／新曜社
○『The Compassionate Instinct』　Dacher Keltner／W W Norton & Co Inc
○『講孟箚記』　吉田松陰／講談社
○『シーシュポスの神話』　アルベール・カミュ／新潮
○『ギリシャ神話集』　ヒュギーヌス／講談社
○『アホは神の望み』　村上和雄／サンマーク出版
○『生命の暗号 あなたの遺伝子が目覚めるとき』　村上和雄／サンマーク出版
○『なぜ勉強するのか？』　鈴木光司／ソフトバンク新書
○『新しい歌をうたえ』　鈴木光司／新潮社

謝辞

本書出版にあたり、多くの方々のお力添えをいただきました。
出版が決まってから実に長い期間、見守ってくださった株式会社 舵社のみなさま。
素敵なイラストを描いてくださった和みん♪さま
本書を書き終えた時の私の気持ちを、推薦文で表してくださった鈴木光司さま。
最後の最後まで原稿チェックを手伝ってくださった、
チーム『幸せ堂』の横田紀美子さま、伊藤由美子さま、堀綾子さま、齋藤充代さま、中村清子さま。
そしていつも教室を応援してくださるみなさま。

本当にありがとうございました。
今後ともどうぞよろしくお願い申し上げます。

岸本達也＝著者

『寺子屋ありがとう』主宰。
1964年新潟市生まれ。
1984年国立富山商船高等専門学校航海学科卒業。
2005年20年間の船員生活に終止符をうち、
『寺子屋ありがとう』設立。

和みん♪＝イラスト

笑顔配達人。新潟市在住。
中学生の時に不登校を経験。
その頃から「多数」に適応できない自分に悩む。
『寺子屋ありがとう』とスタッフとして関わる中で、人生に灯りがともる。
好きな言葉は「まぁ、いっか」と「ケ・セラ・セラ」。
志立生きるちからスクール新潟支部　支部長。

届いてますか？子どもたちからのメッセージ

2012年10月10日 発行

著　者　岸本達也
制　作　株式会社 舵社
〒105-0013 東京都港区浜松町1-2-17 ストークベル浜松町
電話 03-3434-5181（代表）、03-3434-4531（販売）

○落丁・乱丁本はお取り換えいたします。
○定価はカバーに表示してあります。

ISBN978-4-8072-6405-6